Gabriel Tarde

Foules et sectes au point de vue criminel.

Essais sociologiques

Édition : BoD · Books on Demand, 31 avenue Saint-Rémy,
57600 Forbach, bod@bod.fr
Impression : Libri Plureos GmbH, Friedensallee 273,
22763 Hamburg (Allemagne)
ISBN : 978-2-3224-9628-0
Dépôt légal : Décembre 2024

Chapitre 1
Foules et sectes au point de vue criminel.

Jusqu'à nos jours, pendant toute la durée, de cette crise d'individualisme qui, depuis le dernier siècle, a sévi partout, en politique et en économie politique comme en morale et en droit, comme en religion même, le délit passait pour ce qu'il y avait de plus essentiellement individuel au monde ; et, parmi les criminalistes, la notion du délit indivis, pour ainsi dire, s'était perdue, comme aussi bien, parmi les théologiens eux-mêmes, l'idée du péché collectif, sinon tout à fait celle du péché héréditaire. Quand les attentats de conspirateurs, quand les exploits d'une bande de brigands forçaient à reconnaîtra l'existence de crimes commis collectivement, on se hâtait de résoudre cette nébuleuse criminelle en délits individuels distincts dont elle était réputée n'être que la somme. Mais, à présent, la réaction sociologique ou socialiste contre cette grande illusion *égocentrique*, doit naturellement ramener l'attention sur le côté social des actes que l'individu s'attribue à tort. Aussi s'est-on occupé avec curiosité de la criminalité des sectes, — au sujet de laquelle rien n'égale en profondeur les travaux de M. Taine sur la psychologie des jacobins — Et, plus récemment, de la criminalité des foules. Ce sont là deux espèces très différentes d'un même genre, le délit *de groupe*; et il ne sera pas inutile, ni inopportun, de les étudier ensemble.

I.

La difficulté n'est pas de trouver des crimes collectifs, mais de découvrir des crimes qui ne le soient pas, qui n'impliquent à aucun degré la complicité du milieu. C'est au point qu'on pourrait se demander s'il y a des crimes vraiment individuels, de même qu'on s'est demandé s'il y a des œuvres de génie qui ne soient pas une œuvre collective. Analysez l'état d'âme du malfaiteur le plus farouche et le plus solitaire, au moment de son action; ou aussi bien l'état d'âme de l'inventeur le plus sauvage, à l'heure de sa découverte; et retranchez-en tout ce qui, dans la formation de cet état fiévreux, revient à des influences d'éducation, de camaraderie, d'apprentissage, d'accidents biographiques; qu'en restera-t-il? Bien peu de chose ; quelque chose pourtant, et quelque chose d'essentiel, qui n'a nul besoin de s'isoler pour être soi. Au contraire, ce je ne sais quoi, qui est tout le je individuel, a besoin de se mêler au dehors pour prendre conscience de lui-même et se fortifier ; il se nourrit de ce qui l'altère. C'est par de multiples actions de con- tact avec les personnes étrangères qu'il se déploie en se les appropriant, dans la mesure très variable où il lui est donné de se les approprier plutôt que de s'assimiler à quelqu'une d'entre elles. Du reste, même en s'asservissant, il demeure soi le plus souvent et sa servitude est sienne. Par où l'on voit que Rousseau tournait le dos à la réalité quand, pour réaliser le plus haut point possible d'autonomie individuelle, il jugeait nécessaire un régime de solitude prolongée depuis la première enfance, — de solitude incomplète d'ailleurs, de solitude à deux, du Maître et du Disciple, tout à fait hypnotisante pour ce dernier. Son *Émile* est la personnification même et la réfutation par l'absurde de l'individualisme propre à son temps. Si la solitude est féconde, et même seule vraiment féconde, c'est quand elle alterne avec une vie intense de relations, d'expériences et de lectures, dont elle est la méditation.

Malgré tout, il est permis d'appeler individuels les crimes, comme en général les actes quelconques, exécutés par une seule personne en vertu d'influences vagues, lointaines et confuses d'autrui, d'un autrui indéfini et indéterminé; et on peut réserver l'épithète de collectifs aux actes produits par la collaboration immédiate et directe d'un nombre limité et précis de co-exécutants.

Certainement, il y a, en ce sens, des œuvres de génie individuelles; ou plutôt, en ce sens, il n'y a rien que d'individuel en fait de génie. Car, chose remarquable, tandis que, moralement, les collectivités sont susceptibles des deux excès contraires, de l'extrême criminalité ou même parfois de l'extrême héroïsme, il n'en est pas de même intellectuellement; et, s'il leur appartient de descendre à des profondeurs de folie ou d'imbécillité inconnues à l'individu pris à part, il leur est interdit de s'élever au déploiement suprême de l'intelligence et de l'imagination créatrice. Elles peuvent, dans l'ordre moral, choir très bas ou monter très haut; dans l'ordre intellectuel, elles ne peuvent que tomber très bas. S'il y a des forfaits collectifs, dont l'individu seul serait incapable, assassinats et pillages par bandes armées, incendies révolutionnaires, septembrisades, Saint-Barthélemy, épidémies de vénalité, etc., il y a aussi des héroïsmes collectifs où l'individu s'élève au-dessus de lui-même, charges de cuirassiers légendaires, révoltes patriotiques, épidémies de martyre, nuit du 4 août, etc. Mais, aux démences et aux idioties collectives, dont nous citerons des exemples, y a-t-il des actes de génie collectifs qu'on puisse opposer?

Non. On ne peut répondre *oui* qu'en adoptant sans preuve l'hypothèse banale et gratuite suivant laquelle les langues et les religions, œuvres géniales à coup sûr, auraient été la création spontanée et inconsciente des masses, et, qui plus est, non des masses organisées, mais des multitudes incohérentes. Ce n'est pas le lieu de discuter cette solution trop commode d'un problème capital. Laissons de côté ce qui s'est passé dans la préhistoire. Depuis les temps historiques, quelle est l'invention, la découverte, l'initiative vraie, qui soit due à cet être impersonnel, le public? Dira-t-on : les révolutions? Pas même. Ce que les révolutions ont eu de purement destructeur, le public peut le revendiquer, en partie du moins; mais qu'est-ce qu'elles ont fondé et réellement innové qui n'ait été conçu et prémédité avant ou après elles par des hommes supérieurs, tels que Luther, Rousseau, Voltaire, Napoléon? Qu'on me cite une armée, la mieux composée soit-elle, d'où ait jailli spontanément un plan de campagne admirable, voire passable; qu'on me cite même un conseil de guerre qui, pour la conception, je ne dis pas pour la discussion, d'une manœuvre militaire, ait valu le cerveau du plus médiocre général en chef. A-t-on jamais vu un chef-d'œuvre de l'art, en peinture, en sculpture, en architecture aussi et en épopée, imaginé et exécuté par l'inspiration collective de dix, de cent poètes ou artistes? On a rêvé cela de l'*Iliade*, a une certaine époque de mauvaise métaphysique: on en rit maintenant. Tout ce qui est génial est individuel, même en fait de crime. Ce n'est jamais une foule criminelle, ni une association de malfaiteurs, qui invente un nouveau procédé d'assassinat ou de vol ; c'est une suite d'assassins ou de voleurs de génie qui ont élevé l'art de tuer ou de piller le prochain à son point de perfection actuel.

A quoi tient le contraste signalé? Pourquoi le grand déploiement de l'intelligence est-il refusé aux groupes sociaux, tandis que le grand et puissant déploiement de la volonté, de la vertu même, leur est accessible? C'est que l'acte de vertu le plus héroïque est quelque chose de très simple en soi, et ne diffère de l'acte de moralité ordinaire que par le degré ; or, précisément, la puissance d'unisson qui est dans les rassemblements humains, où les émotions et les opinions se renforcent rapidement par leur contact multipliant, est, par excellence, outrancière. Mais l'œuvre de génie ou de talent est toujours compliquée, et diffère en nature, non en degré seulement, d'un acte d'intelligence vulgaire. Il ne s'agit plus, comme ici, de percevoir et de se souvenir pêle-mêle, conformément à un type connu, mais de faire avec des perceptions et des images connues des combinaisons nouvelles. Or, à première vue, il semble bien que dix, cent, mille têtes réunies soient plus aptes qu'une seule à embrasser tous les côtés d'une question complexe; et c'est là une illusion aussi persistante, aussi séduisante, que profonde. De tout temps les peuples, naïvement imbus de ce préjugé ont, dans leurs jours troublés, attendu d'assemblées religieuses ou politiques le soulagement de leurs maux. Au moyen âge les conciles; dans l'ère moderne, les états Généraux, les parlements : voilà les panacées réclamées par les multitudes malades. La superstition du jury est née d'une erreur pareille, toujours trompée et toujours renaissante. En réalité, ce ne sont jamais de simples *réunions* de personnes, ce sont plutôt des *corporations*, telles que certains grands ordres religieux ou certaines grandes enrégimentations civiles ou militaires, qui ont répondu, parfois, aux besoins des peuples ; encore doit-on observer que, sous leur forme corporative même, les collectivités se montrent impuissantes à créer du nouveau. Il en est ainsi quelle que soit l'habileté du mécanisme social où les individus sont engrenés et enrégimentés.

Car est-il possible qu'il égale en complication à la fois et en élasticité de structure l'organisme cérébral, cette incomparable armée de cellules nerveuses que chacun de nous porte dans sa tête?

Aussi longtemps, donc, qu'un cerveau bien fait l'emportera en fonctionnement rapide et sûr, en absorption et élaboration prompte d'éléments multiples, en solidarité intime d'innombrables agents, sur le Parlement le mieux constitué, il sera tout à fait puéril, quoique vraisemblable *a priori* et excusable, de compter sur des émeutes ou sur des corps délibérants, plutôt que sur un homme, pour tirer un pays d'un pas difficile. En fait, toutes les fois qu'une nation traverse une de ces périodes où ce n'est pas seulement de grands entraînements de cœur, mais de grandes capacités d'esprit qu'elle a un besoin impérieux, la nécessité d'un gouvernement personnel s'impose, sous forme républicaine ou monarchique ou sous couleur parlementaire. On a protesté souvent contre cette nécessité, qui a fait l'effet d'une *survivance*, et dont on a vainement cherché la cause : peut-être sa raison cachée est-elle implicitement donnée par les considérations précédentes.

Elles peuvent servir aussi à préciser en quoi consiste la responsabilité des meneurs relativement aux actes commis par les groupes qu'ils dirigent. Une assemblée ou une association, une foule ou une secte, n'a d'autre *idée* que celle qu'on lui souffle, et cette idée, cette indication plus ou moins intelligente d'un but à poursuivre, d'un moyen à employer, a beau se propager du cerveau d'un seul dans le cerveau de tous, elle reste la même; le souffleur est donc responsable de ses effets directs. Mais l'émotion jointe à cette idée, et qui se propage avec elle, ne reste pas la même en se propageant, elle s'intensifie par une sorte de progression mathématique, et ce qui était désir modéré ou opinion hésitante chez l'auteur de cette propagation, chez le premier inspirateur d'un soupçon, par exemple, hasardé contre une catégorie de citoyens, devient promptement passion et conviction, haine et fanatisme dans la masse fermentescible où ce germe est tombé. L'intensité de l'émotion qui meut celle-ci et la porte aux derniers excès, en bien ou en mal, est donc en grande partie son œuvre propre, l'effet du mutuel échauffement de ces âmes en contact par leur mutuel reflet; et il serait aussi injuste d'imputer à son directeur quelconque tous les crimes où cette surexcitation l'entraîne que de lui attribuer l'entier mérite des grandes œuvres de délivrance patriotique, des grands actes d(dévouement, suscités par la même fièvre. Aux chefs d'une bande ou d'une émeute, donc, on peut demander compte toujours de l'astuce et de l'habileté dont elle a fait preuve dans l'exécution de ses massacres, de ses pillages, de ses incendies mais non toujours de la violence et de l'étendue des maux causés par ses contagions criminelles. Il faut faire honneur au général seul de ses plans de campagne, mais non de la bravoure de ses soldats. Je ne dis pas que cette distinction suffise à simplifier tous les problèmes de responsabilité soulevés par notre sujet, mais je dis qu'il convient d'y avoir égard pour chercher à les résoudre,

II.

Au point de vue intellectuel comme à d'autres points de vue, il y a des différences notables à établir entre les différentes formes de groupements sociaux. Ne comptons pas celles qui consistent en un simple rapprochement matériel. Des passants dans une rue populeuse, des voyageurs réunis, entassés même, sur un paquebot, dans un wagon, autour d'une table d'hôte, silencieux ou sans conversation générale entre eux, sont groupés physiquement, non socialement. J'en dirai autant des paysans agglomérés sur un champ de foire, aussi longtemps qu'ils se borneront à conclure des marchés entre eux, à poursuivre séparément leurs buts distincts quoique semblables, sans nulle coopération à une même action commune. Tout ce qu'on peut dire de ces gens-là. c'est qu'ils portent en eux la virtualité d'un groupement social, dans la mesure où des ressemblances de langue, de nationalité, de culte, de classe, d'éducation, toutes d'origine sociale, c'est-à-dire toutes causées par une diffusion imitative à partir d'un premier inventeur anonyme ou connu, les prédisposent à s'associer plus ou moins étroitement, si l'occasion l'exige. Qu'une explosion de dynamite ait lieu dans la rue, que le vaisseau menace de sombrer, le train de dérailler, qu'un incendie éclate dans l'hôtel, qu'une calomnie contre un prétendu accapareur se répande sur le champ de foire, aussitôt ces individus associables deviendront associés dans la poursuite d'une même fin, sous l'empire d'une même émotion.

Alors naîtra spontanément ce premier degré de l'association que nous appelons la foule. Par une série de degrés intermédiaires, on s'élève de cet agrégat rudimentaire, fugace et amorphe, à cette foule organisée, hiérarchisée, durable et régulière, qu'on peut appeler la corporation, au sens le plus large du mot. L'expression la plus intense de la corporation religieuse, c'est le monastère ; de la corporation laïque, c'est le régiment ou l'atelier. L'expression la plus vaste des deux, c'est l'Église ou l'État. Ou plutôt faisons remarquer que les Églises et les États, les religions et les nations, tendent toujours, dans leur période de croissance robuste, à réaliser le type corporatif, monastique ou régimentaire, sans jamais y parvenir tout à fait, fort heureusement ; leur vie historique se passe à osciller d'un type à l'autre, à donner l'idée tour à tour d'une grande foule, comme les États Barbares, ou d'une grande corporation, comme la France de saint Louis. Il en était de même de ce qu'on appelait les corporations sous l'ancien régime : elles étaient bien moins des corporations en temps ordinaire que des fédérations d'ateliers, petites corporations bien réelles celles-là, et, chacune à part, autoritairement régies par un patron. Mais, quand un danger commun faisait converger vers un même but, tel que le gain d'un procès, tous les ouvriers d'une même branche d'industrie, de même qu'en temps de guerre tous les citoyens d'une nation, le lien fédératif aussitôt se resserrait, et une personnalité gouvernante s'y faisait jour. Dans l'intervalle de ces collaborations unanimes, l'association se réduisait, entre les ateliers fédérés, à la poursuite d'un certain idéal esthétique ou économique, de même que, dans l'intervalle des guerres, la préoccupation d'un certain idéal patriotique est toute la vie nationale des citoyens. - Une nation moderne, sous l'action prolongée des idées égalitaires, tend à redevenir une grande foule complexe, plus ou moins dirigée par des meneurs nationaux ou locaux.

Mais le besoin d'ordre hiérarchique est tellement impérieux dans ces sociétés agrandies que, chose remarquable, à mesure qu'elles se démocratisent, elles sont forcées parfois de se militariser de plus en plus, de fortifier, de perfectionner, d'étendre cette corporation essentiellement hiérarchique et aristocratique, l'armée, - sans parler de l'administration, cette autre armée toujours croissante. La nation devient ainsi peu à peu une armée immense, et, par là, peut-être, elle se prépare, quand la période belliqueuse sera close, à revêtir sous forme pacifique, industrielle, scientifique, artistique, la forme corporative, à devenir un atelier.

Entre les deux pôles extrêmes que je viens d'indiquer, peuvent se placer certains groupes temporaires, mais recrutés suivant une règle fixe ou soumis à un règlement sommaire, tels que le jury, ou même certaines réunions habituelles de plaisir, un salon littéraire du XVIII• siècle, la cour de Versailles, un auditoire de théâtre, qui, malgré la légèreté de leur but ou de leur intérêt commun, acceptent une étiquette rigoureuse, une hiérarchie fixe de places différentes, ou enfin certaines réunions scientifiques ou littéraires, les académies, qui sont plutôt des collections de talents co-échangistes que des faisceaux de collaborateurs. Parmi les variétés de l'espèce-corporation, citons les conspirations et les sectes, si souvent criminelles. Les assemblées parlementaires méritent une place à part : ce sont bien plutôt des foules complexes et contradictoires, des foules doubles pour ainsi dire, -comme on dit des monstres doubles, - où une majorité tumultueuse est combattue par une ou plusieurs minorités coalisées et où, par suite et par bonheur, le mal de 1'unanimité, ce grand danger des foules, est en partie neutralisé.

Mais, foule ou corporation, toutes les espèces d'association véritable ont ce caractère identique et permanent d'être produites, d'être conduites plus ou moins par un chef apparent ou caché ; caché assez souvent quand il s'agit des foules, toujours apparent et frappant les yeux dans le cas des corporations. Dès le moment où un amas d'hommes se met à vibrer d'un même frisson, s'anime et marche à son but, on peut affirmer qu'un inspirateur ou un meneur quelconque, ou un groupe de meneurs ou d'inspirateurs parmi lesquels un seul est le ferment actif, lui a insufflé son âme, soudainement grandissante, déformée, monstrueuse, et dont lui-même est parfois le premier surpris, le premier épouvanté. De même que tout atelier a son directeur, tout couvent son supérieur, tout régiment son général, toute assemblée son président ou plutôt toute fraction d'assemblée son *leader*, pareillement tout salon animé a son coryphée de conversation, toute émeute son chef, toute cour son roi ou son prince ou son principicule, toute claque son chef de claque. Si un auditoire de théâtre mérite jusqu'à un certain point d'être regardé comme formant une sorte d'association, c'est quand il applaudit, parce qu'il suit, en le répercutant, l'impulsion d'un applaudissement initial, et, quand il écoute, parce qu'il subit la suggestion de l'auteur, exprimée par la bouche de l'acteur qui parle. Partout, donc, visible ou non, règne ici la distinction du *meneur* et des *menés, si* importante en matière de responsabilité. Ce n'est pas à dire que les volontés de tous se soient annihilées devant celle d'un seul : celle-ci, - suggérée d'ailleurs, elle aussi, écho de voix extérieures ou intérieures dont elle n'est que la condensation originale, - a dû, pour s'imposer aux autres, leur faire des concessions, et les flatter pour les conduire. C'est le cas de l'orateur qui n'a garde de négliger les précautions oratoires, de l'auteur dramatique qui doit toujours se plier aux préjugés et aux goûts changeants de ses auditeurs, du *leader* qui doit ménager son parti, d'un Louis XIV même qui a des égards forcés pour ses courtisans.

Seulement, cela doit être entendu diversement, suivant qu'il s'agit des réunions spontanées ou des réunions organisées. Dans celles-ci, une volonté, pour être dominante, doit naître conforme, dans une certaine mesure, aux tendances, aux traditions des volontés dominées ; mais une fois née, elle s'exécute avec une fidélité d'autant plus parfaite que l'organisation du corps est plus savante. Dans les foules, une volonté impérative n'a pas à se conformer à des traditions qui n'y existent pas, elle peut même être obéie malgré son faible accord avec les tendances de la majorité, mais, conforme ou non, elle est toujours mal exécutée et s'altère en s'imposant. On peut affirmer que toutes les formes de l'association humaines se distinguent : 1° par la manière dont une pensée ou une volonté entre mille y devient dirigeante, par les conditions du concours de pensées et de volontés d'où elle sort victorieuse ; 2° par la plus ou moins grande facilité qui y est offerte à la propagation de la pensée, de la volonté dirigeante. Ce qu'on appelle l'émancipation démocratique tend à rendre accessible à tous le concours dont il s'agit, limité d'abord à certaines catégorie de personnes, graduellement étendues ; mais tous les perfectionnements de l'organisation sociale, sous forme démocratique ou aristocratique, ont pour effet de permettre à un dessein réfléchi, cohérent, individuel, d'entrer plus pur, moins altéré et plus profondément, par des voies plus sûres et plus courtes, dans le cerveau de tous les associés. Un chef d'émeute ne dispose jamais complètement de ses hommes, un général presque toujours ; la direction du premier, lente et tortueuse, se réfracte en mille déviations, celle du second va vite et tout droit.

III.

On a cependant contesté et avec force[1], que pour les foules au moins, le rôle des meneurs eût l'universalité et l'importance que nous lui prêtons. Il y a en effet, des foules sans conducteur apparent. La famine sévit dans une région, de tous côtés des masses affamées s'y soulèvent, demandant du pain ; point de chef ici, ce semble, l'unanimité spontanée en tient lieu. Regardez-y de près pourtant. Tous ces soulèvements n'ont pas éclaté ensemble ; ils se sont suivis comme une traînée de poudre, à partir d'une première étincelle. Une première émeute a eu lieu quelque part, dans une localité plus souffrante ou plus effervescente que les autres, plus travaillée par des agitateurs connus ou occultes, qui ont donné le signal de la révolte. Puis, dans des localités voisines, l'élan a été imité, et les nouveaux agitateurs ont eu moins à faire, grâce à leurs prédécesseurs ; et ainsi, de proche en proche, s'est prolongée l'action de ceux-ci, par imitation de foule à foule, avec une force croissante qui affaiblit d'autant l'utilité des directeurs locaux, jusqu'à ce qu'enfin, surtout quand le cyclone populaire s'est élargi bien au delà des limites où il a eu sa raison d'être, de la région où le pain a manqué, nulle direction ne s'aperçoive. Chose étrange, - étrange du moins pour qui méconnaît la puissance de l'entraînement imitatif, - la spontanéité des soulèvements alors devient d'autant plus complète qu'elle est moins motivée. C'est ce qu'oublie d'observer un écrivain italien qui nous oppose à tort l'agitation du haut Milanais en 1889. Au cours de cette série de petites émeutes rurales, il a vu s'en produire plusieurs presque spontanément, ce qui l'étonne d'ailleurs, car il convient que la cause affichée de cette agitation ne suffisait point à la justifier : les griefs invoqués contre les propriétaires à propos des baux n'avaient rien de bien sérieux, et, si l'année avait été mauvaise, l'importation d'une nouvelle industrie avait compensé en partie le déficit des récoltes. Comment croire dans ces conditions, que ces paysans italiens se soient soulevés d'eux-mêmes, sans nulle excitation du dehors ou du dedans, ou plutôt du dehors et du dedans à la fois ? C'est au premier de ces mouvements qu'il eût fallu remonter pour se convaincre que le mécontentement populaire, local et partiel avant de s'être répandu et généralisé, n'est pas né tout seul, qu'il y a eu là, comme partout en cas d'incendie, des incendiaires, colportant de ferme en ferme, d'auberge en auberge, la calomnie, la colère, la haine. Ce sont eux qui ont donné à l'irritation sourde fomentée par eux cette formule précise : « Les propriétaires refusent de diminuer leurs baux ; pour les contraindre, il faut leur faire peur. » Le moyen est tout indiqué : s'attrouper, crier, chanter des refrains menaçants, casser des vitres, piller et incendier. Un agent de désordre n'a pas grand effort à faire, une fois la contagion en marche, pour décider deux ou trois cents paysans ou paysannes, en sortant des vêpres ou de la messe, par exemple, à ce genre de manifestation. Il n'a qu'à lancer une pierre, jeter un cri, entonner le début d'un chant ; aussitôt tout le monde suivra, et on dira ensuite que ce désordre a été tout spontané. Mais il a fallu nécessairement l'initiative de cet homme.

Envisagés d'un même coup d'œil, tous les rassemblements tumultueux qui procèdent d'une émeute initiale, et s'enchaînent intimement les uns aux autres, phénomène habituel des crises révolutionnaires, peuvent être considérés comme une seule et même foule. Il y a de la sorte des foules complexes, comme en physique des ondes complexes, enchaînement de groupes d'ondes. Si l'on se place à ce point de vue, on voit qu'il n'est point de foules sans meneurs, et l'on s'aperçoit, en outre, que si, de la première de ces foules *composantes* à la dernière, le rôle des meneurs *secondaires* va s'affaiblissant, celui des meneurs *primaires* va toujours croissant, agrandi à chaque nouveau tumulte né d'un tumulte précédent par contagion à distance. Les épidémies de grève en sont la preuve : la première qui éclate, celle pourtant où les griefs invoqués sont le plus sérieux et qui, par suite, devrait être la plus spontanée de toutes, laisse toujours voir se dessiner la personnalité des agitateurs ; les suivantes, quoique parfois sans rime ni raison - comme j'en ai vu s'ébaucher parmi des ouvriers meuliers du Périgord, qui voulaient simplement se mettre à la mode, - ont l'air d'explosions sans mèche ; on dirait qu'elles partent toutes seules comme les mauvais fusils. Je reconnais d'ailleurs qu'ici le nom de *meneurs* appliqué à de simples brouillons, qui ont, sans le vouloir expressément, avec une demi-inconscience, pressé la gâchette du fusil, est assez impropre. J'emprunte un nouvel exemple au Dr Bianchi : dans un village, à la sortie du mois de Marie, la population - déjà surexcitée, nous le savons, - aperçoit des agents de police, venus pour la surveiller ; leur vue l'exaspère ; des sifflements se font entendre, puis des cris, puis des chants séditieux, et voilà ces pauvres gens, enfants, vieillards, qui mutuellement s'exaltent. La foule est lancée, et se met, naturellement, à casser des vitres, à détruire tout ce qu'elle peut. On remarque en passant ce singulier goût des foules pour les vitres cassées, pour le bruit, pour la destruction puérile : c'est une de leurs ressemblances nombreuses avec les ivrognes, dont le plus grand plaisir, après celui de vider les bouteilles, est de les briser. - Dans cet exemple, le premier qui a sifflé, qui a crié, ne s'est probablement pas rendu compte des excès qu'il allait provoquer. Mais n'oublions pas qu'il s'agit là d'une agitation précédée de beaucoup d'autres qui ont eu leurs agitateurs plus conscients et plus volontaires.

Il arrive aussi, souvent, qu'une foule mise en mouvement par un noyau d'exaltés, les dépasse et les résorbe, et, devenue acéphale, semble n'avoir pas de conducteur. La vérité est qu'elle n'en a plus, comme la pâte levée n'a plus de levain.

Enfin, - remarque essentielle, - le rôle de ces conducteurs est d'autant plus grand et distinct que la foule fonctionne avec plus d'ensemble, de suite et d'intelligence, qu'elle est plus près d'être une personne morale, une association organisée.

On voit donc que, dans tous les cas, malgré l'importance attachée à la nature de ses membres, l'association en définitive vaudra ce que vaudra son chef. Ce qui importe avant tout, c'est la nature de celui-ci ; un peu moins peut-être, il est vrai, pour les foules ; mais ici, en revanche, si un mauvais choix du chef peut ne pas produire des conséquences aussi désastreuses que dans une association corporative, les chances d'un bon choix sont beaucoup moins grandes. Les multitudes, et aussi bien les assemblées, même parlementaires, sont promptes à s'engouer d'un beau parleur, du premier venu qui leur est inconnu ; mais les corps de marchands, les *collegia* de l'antique Rome, les églises des premiers chrétiens, toutes les corporations quelconques, quand elles élisent leur *prieur,* leur *évêque,* leur syndic, ont depuis longtemps mis son caractère à l'épreuve ; ou, si elles le reçoivent tout fait, comme l'armée, c'est des mains d'une autorité intelligente et bien informée. Elles sont moins exposées aux « emballements », car elles ne vivent pas toujours à *l'état rassemblé,* mais le plus souvent à *l'état dispersé,* qui laisse à leurs membres, délivrés de la contrainte des contacts, la disposition de leur raison propre. - En outre, quand le chef d'un corps a été reconnu excellent, il a beau mourir, son action lui survit [2] ; le fondateur d'un ordre religieux, canonisé après sa mort, vit et agit toujours dans le cœur de ses disciples, et à son impulsion s'ajoute celle de tous les abbés et réformateurs qui lui succèdent, et dont le prestige, comme le sien, grandit et s'épure par l'éloignement dans le temps ; tandis que les bons meneurs de foules [3] - car il y en a de tels, - cessent d'agir dès qu'ils ont disparu, plus promptement oubliés que remplacés. Les foules n'obéissent qu'à des conducteurs vivants et présents, prestigieux corporellement, physiquement, jamais à des fantômes d'idéale perfection, à des mémoires immortalisées, - Comme je viens de l'indiquer en passant, les corporations, dans leur longue existence, souvent plusieurs fois séculaire, présentent une *série* de meneurs perpétuels, greffés en quelque sorte les uns sur les autres et se rectifiant les uns les autres ; encore une différence avec les foules, où il y a tout au plus un groupe de meneurs temporaires et simultanés, qui se reflètent en s'exagérant. Autant de différences, autant de causes d'infériorité pour les foules.

Il y en a d'autres. Ce ne sont pas seulement les pires meneurs qui risquent d'être choisis ou subis par les multitudes, ce sont encore les pires suggestions, parmi toutes celles qui émanent d'eux. Pourquoi ? Parce que, d'une part, les émotions ou les idées les plus contagieuses, sont naturellement, les plus intenses, comme ce sont les plus grosses cloches, non les mieux timbrées ni les plus justes, dont le son va le plus loin ; et que, d'autre part, les idées les plus intenses sont les plus étroites ou les plus fausses, celles qui frappent les sens, non l'esprit, et les émotions les plus intenses sont les plus égoïstes. Voilà pourquoi, dans une foule, il est plus facile de propager une image puérile qu'une abstraction vraie, une comparaison qu'une raison, la foi en un homme que la renonciation à un préjugé ; et pourquoi, le plaisir de dénigrer étant plus vif que le plaisir d'admirer, et le sentiment de la conservation plus fort que le sentiment du devoir, les huées s'y répandent plus facilement encore que les bravos, et les accès de panique y sont plus fréquents que les élans de bravoure.

IV.

Aussi a-t-on eu raison de remarquer, à propos des foules[4], qu'en général elles sont inférieures en intelligence et en moralité à la moyenne de leurs membres. Ici, non seulement le composé social, comme toujours, est dissemblable à ses éléments dont il est le *produit ou* la *combinaison plus* que la somme, mais encore, d'habitude, il vaut moins. Mais cela n'est vrai que des foules ou des rassemblements qui s'en rapprochent. Au contraire, là où règne *l'esprit de corps* plutôt que *l'esprit de foule, il* arrive souvent que le composé, où se perpétue le génie d'un grand organisateur, est supérieur à ses éléments actuels. Suivant qu'une troupe d'acteurs est une corporation ou une foule, c'est-à-dire qu'elle est plus ou moins exercée et organisée, ils jouent tous ensemble mieux ou moins bien que séparément quand ils disent des monologues. Dans un corps très discipliné, comme la gendarmerie, d'excellentes règles pour la recherche des malfaiteurs, pour l'audition des témoins, pour la rédaction des procès-verbaux, - toujours très bien faits, au style près, - se transmettent traditionnellement et soutiennent l'esprit de l'individu appuyé sur une raison supérieure. Si l'on a pu dire avec vérité, d'après un proverbe latin, que les *sénateurs sont de bonnes gens, et le Sénat une mauvaise bête, j'ai eu* cent fois l'occasion de remarquer que les gendarmes, quoi qu'ils soient le plus souvent intelligents, le sont moins que la gendarmerie. Un général me dit avoir fait la même remarque en inspectant ses jeunes soldats. Questionnés séparément sur la manœuvre militaire, il les trouvait tous assez faibles ; mais, une fois rassemblés, il était surpris de les voir manœuvrer avec ensemble et entrain, avec un air d'intelligence collective très supérieure à celle dont ils avaient fait preuve individuellement. De même, le régiment est souvent plus brave, plus généreux, plus moral que le soldat. Sans doute, les corporations, - régiments, ordres religieux, sectes, - vont plus loin que les foules, soit dans le mal, soit dans le bien ; des foules les plus bienfaisantes aux foules les plus criminelles il y a moins loin que des plus grands exploits de nos armées aux pires excès du jacobinisme, ou des sœurs de Saint-Vincent de Paul aux camorristes et aux anarchistes ; et M. Taine, qui nous a peint avec tant de vigueur à la fois les foules criminelles et les sectes criminelles, les jacqueries et les exactions jacobines pendant la Révolution, a montré combien celles-ci ont été plus funestes que celles-là. Mais, tandis que les foules font plus souvent du mal que du bien, les corporations font plus souvent du bien que du mal. Ce n'est pas que, parmi ces dernières aussi, la contagiosité des sensations et des sentiments ne tende à être en rapport avec leur intensité, et que les plus égoïstes ne tendent à y être les plus intenses ; mais cette tendance y est le plus souvent entravée par une sélection et une éducation spéciales, par un noviciat qui se prolonge pendant plusieurs années.

Quand, par hasard, une multitude en action paraît être meilleure, elle aussi, plus héroïque, plus magnanime, que la moyenne de ceux qui la composent, ou bien cela tient à des circonstances. Extraordinaires, - par exemple, l'enthousiasme généreux de l'Assemblée nationale pendant la nuit du 4 août, - ou bien (comme dans le même exemple peut-être ?) cette magnanimité n'est qu'apparente et dissimule, aux yeux même des intéressés, l'empire profond d'une terreur cachée. Il y a souvent, chez les foules, l'héroïsme de la peur. D'autres fois, l'action bienfaisante d'une foule n'est que le dernier vestige d'une ancienne corporation. N'est-ce pas le cas des dévouements spontanés qui se produisent parfois dans les foules urbaines accourue pour éteindre un grand incendie ? Je dis parfois pour elles, non pour le corps des pompiers, où ces traits admirables sont habituels et journaliers. La multitude qui les entoure, à leur exemple peut-être, piquée d'émulation, se dévoue aussi, rarement, affronte un danger pour sauver une vie. Mais, si l'on observe que ces rassemblements sont chose traditionnelle, qu'ils ont leur règle et leur usage, qu'on s'y divise les tâches, qu'à droite on fait circuler les seaux pleins, à gauche les seaux vides, que les actions s'y combinent avec un art coutumier bien plutôt que spontané, on sera porté à voir dans ces manifestations de pitié et d'assistance fraternelle un reste survivant de la vie corporative propre aux « communes » du moyen âge.

Est-il nécessaire maintenant d'insister pour démontrer que les hommes en gros, dans les foules, valent moins que les hommes en détail ? Oui, puisqu'on l'a contesté. Nous serons bref d'ailleurs. A coup sûr, aucun des paysans d'Hautefaye qui ont tué à petit feu M. de Moneys, aucun des émeutiers parisiens qui ont fait noyer l'agent Vicenzini, n'eût été capable isolément, je ne dis pas d'accomplir, mais de vouloir cet abominable assassinat. La plupart des septembriseurs étaient loin d'être de malhonnêtes gens. Une multitude lancée, même composée en majorité de personnes intelligentes, a toujours quelque chose de puéril et de bestial à la fois : de puéril par sa mobilité d'humeur, par son brusque passage de la colère à l'éclat de rire, de bestial par sa brutalité. Elle est lâche aussi, même composée d'individus de moyen courage. Si l'adversaire qui lui tient tête, un ingénieur, par exemple, vient à être renversé par un croc-en-jambe, son affaire est faite. Piétiner son ennemi à terre est un plaisir qu'elle ne se refuse jamais. - Un exemple de ses caprices. M. Taine nous a cité une bande révolutionnaire qui, prête à massacrer un prétendu accapareur, s'attendrit tout à coup, s'enthousiasme pour lui « et le force à boire et à danser avec elle autour de l'arbre de la Liberté où un moment auparavant, ils allaient le pendre ». Des traits pareils ont été observés a l'époque de la commune. Dans la dernière semaine, des prisonniers sont conduits à Versailles où la foule les entoure. Parmi eux se trouve, dit M. Ludovic Halévy, « une femme jeune, assez belle, les mains liées derrière le dos, enveloppée dans un caban d'officier doublé de drap rouge, les cheveux épars. La foule crie : La colonelle ! la colonelle ! Tête haute, la femme répond à ces clameurs par un sourire de défi. Alors, de toutes parts, c'est un grand cri : A mort ! à mort !... Un vieux monsieur s'écrie : Pas de cruauté, c'est une femme après tout ! La colère de la foule, en une seconde, se retourne contre le vieux monsieur. On l'entoure : c'est un communard ! c'est un incendiaire ! Il est très menacé, mais une voix perçante s'élève, une voix drôlette et gaie de gamin de Paris : Faut pas lui faire du mal, c'est sa demoiselle à ce monsieur ! Alors, brusquement, grand éclat de rire autour du vieux monsieur. Il est sauvé... La foule avait passé presque dans le même instant, de la plus sérieuse colère à la plus franche gaîté. »

Tout est à noter dans cet observation, autant le début que la fin. On peut être certain, puisqu'il s'agit de Français, que, à la vue de cette jolie amazone bravant ses meurtriers, chacun d'eux, pris à part, n'eût exprimé que de l'admiration pour elle. Rassemblés, ils n'ont éprouvé que de la fureur contre elle ; ils n'ont paru sensibles qu'au froissement de leur amour-propre collectif, exagération de leurs amours-propres particuliers élevés à une très haute puissance, par ce défi courageux. « L'amour-propre irrité chez le peuple, dit Mme de Staël dans ses *Considérations sur la Révolution française,* ne ressemble point à nos nuances fugitives : c'est le besoin de donner la mort. » Très juste ; mais en réalité, ce n'est pas chez les hommes du peuple isolés que les blessures de l'amour-propre ou ses égratignures s'élèvent à cette acuité d'exaspération homicide ; c'est dans les masses populaires. Et ce n'est pas seulement dans celles-ci, c'est dans tout rassemblement d'hommes instruits et bien élevés. Une assemblée, même la plus parlementaire du monde, insultée par un orateur, donne parfois ce spectacle d'une meurtrière fureur de susceptibilité.

A quel point les foules, et, en général, les collectivités non organisées, non disciplinées, sont plus mobiles, plus oublieuses, plus crédules, plus cruelles que la plupart de leurs éléments, on a toujours de la peine à se l'imaginer, mais les preuves pullulent. A-t-on seulement songé à remarquer celle-ci ? En octobre 1892, les explosions de dynamite terrorisent Paris ; il semblait qu'il n'y eût rien de plus urgent que de se défendre contre cette menace perpétuelle, et, en effet, quel danger ! Mais, après qu'on a eu culbuté un ministère à cette occasion et voté une nouvelle loi sur la presse, spécifique dérisoire contre ce fléau, l'affaire du Panama éclate. Dès lors, je veux dire dès le premier jour, quand nul ne pouvait prévoir encore la gravité des révélations prochaines, l'alarme de la veille est oubliée, quoique le péril reste le même, et la curiosité, la malignité publiques, surexcitées, bien avant l'indignation publique, ont complètement dissipé la terreur. Ainsi est fait *l'esprit collectif :* les images s'y succèdent incohérentes, superposées ou juxtaposées sans lien, comme dans le cerveau de l'homme endormi ou hypnotisé, et chacune à son tour y envahit le champ total de l'attention. Cependant la plupart des esprits individuels qui le composent, qui concourent à former cette grande foule appelée l'Opinion, sont capables de suite et d'ordre dans l'agencement de leurs idées.

Autre exemple : « En mai 1892[5], dit M. Delbœuf un malheureux Allemand, tout fraîchement débarqué à Liège, se laisse guider par la foule sur le théâtre d'une explosion de dynamite. À un certain moment, quelqu'un dans cette foule, en le voyant courir plus vite que les autres, le prend pour le coupable, le dit à ses voisins, et cette même foule se met en devoir de l'écharper. Cependant comment était-elle composée ? En somme, de l'élite de la société réunie autour d'un concert. Et l'on a pu entendre des voix de messieurs réclamant un revolver pour tuer à tout hasard un malheureux dont ils ignoraient la nationalité, le nom et le crime ! Dans l'affaire de Courtray, où un futur député s'exerçait à jouer un rôle analogue à celui de Basly et consorts dans les grèves, voyez la bêtise de la foule : elle cherche à écharper les experts. » - Dans un ordre d'idées moins tragique, voici un auditoire de café-concert ; des

Parisiens et des Parisiennes de goût raffiné s'y rassemblent. Pris séparément, ils sont dégustateurs de fine musique, de littérature pimentée, mais savoureuse. Réunis, ils ne font leurs délices que de stupides chansons. Mlle Yvette Guilbert a essayé de leur faire accepter des compositions dignes de son talent spécial ; elle y a échoué. Puisqu'il vient d'être question du Panama, on a pu constater avec quelle lenteur et quelle faible habileté cette sorte de juge d'instruction collectif appelé la Commission d'enquête a accompli ses opérations, malgré la réelle capacité de ses membres ; il est vraisemblable que chacun d'eux, investi seul des mêmes pouvoirs, et agissant isolément, eût fait de meilleure besogne. En tout cas, il est manifeste que le jury est encore moins intelligent que les jurés[6].

Encore un exemple, que j'emprunte aux mémoires de Gisquet, préfet de police, sous Louis-Philippe. En avril 1892, à Paris, au paroxysme de l'épidémie cholérique, « des bruits répandus et *propagés dans tout Paris avec la rapidité de l'éclair,* attribuèrent *au poison* les effets de l'épidémie, et firent croire aux masses, toujours impressionnables dans de pareils moments, que des hommes empoisonnaient les aliments, l'eau des fontaines, le vin et autres boissons... En peu d'instants, des rassemblements immenses se formèrent sur les quais, sur la place de Grève, etc., et jamais peut-être on ne vit à Paris une si effroyable réunion d'individus, *exaspérés par cette idée d'empoisonnement et recherchant les auteurs de ces crimes imaginaires.* » C'était tout simplement un délire collectif de la persécution. « Toute personne munie de bouteilles, de fioles, de paquets de petit volume, leur paraissait *suspecte ; un simple flacon pouvait devenir une pièce de conviction* aux yeux de cette multitude en délire. » Gisquet a parcouru lui-même « ces masses profondes, couvertes de haillons » et, dit-il, « rien ne peut rendre tout ce que leur aspect avait de hideux, l'impression de terreur que causaient les murmures sourds qui se faisaient entendre. » Ces affolés sont devenus facilement des massacreurs. « Un jeune homme, employé au ministère de l'intérieur, fut massacré, rue Saint-Denis, sur le seul soupçon d'avoir voulu jeter du poison dans les brocs d'un marchand de vin... » Quatre massacres eurent lieu dans ces conditions... Scènes analogues à Vaugirard et au faubourg Saint-Antoine. Ici « deux imprudents fuyaient, poursuivis par des milliers de forcenés qui *les accusaient d'avoir donné à des enfants une tartine empoisonnée* ». Les deux hommes se cachent à la hâte dans un corps de garde ; mais le poste est dans un instant cerné, menacé, et rien n'aurait pu empêcher en ce moment le massacre de ces individus, si le commissaire de police et un ancien officier de paix n'avaient eu l'heureuse idée de se partager la tartine aux yeux de la foule. « Cette *présence d'esprit* fit *aussitôt succéder l'hilarité à la fureur.* » *Ces* affolements sont de tous les temps : foules de toute race et de tout climat, foules romaines accusant les chrétiens de l'incendie de Rome ou d'une défaite de légion et les jetant aux bêtes, foules du moyen âge accueillant contre les albigeois, contre les juifs, contre un hérétique quelconque les soupçons les plus absurdes, auxquels leur propagation tient lieu de démonstration, foules allemandes de Munzer sous la Réforme, foules françaises de Jourdan sous la Terreur, c'est toujours le même spectacle. Toutes, « terroristes par peur », comme Mme Roland disait de Robespierre.

Sur l'inconséquence des foules, on me signale ce qui se passe en Orient, dans certains pays infectés par la lèpre. Là, dit le docteur Zambaco-Pacha, « dans la plupart des villages, dès qu'on a soupçonné la lèpre, ou qu'on a accusé à tort quelqu'un de l'avoir, le peuple, sans s'adresser à l'autorité ou tout au moins à un médecin, se constitue illico en jury, et lynche celui qu'il déclare lépreux en le pendant à l'arbre le plus proche ou en le pourchassant à coups de pierres [7] ». Mais cette même populace fréquente les chapelles des léproseries, « baise les images aux endroits mêmes où les lépreux ont posé leurs lèvres et communie dans les mêmes calices ».

Si mobiles, si inconséquentes, si dépourvues de traditions proprement dites, que soient les foules, elles n'en sont pas moins routinières, et en cela aussi elles s'opposent aux corporations qui, dans toute leur période ascendante, sont à la fois traditionnalistes et progressistes, progressistes parce que traditionnalistes. Il y a quelques années, j'ai eu un spécimen assez singulier de cette routine caractéristique des hommes rassemblés au hasard. C'était dans les salles d'inhalation du Mont-Dore, dans l'ancien établissement. Là, trois ou quatre cents hommes sont entassés dans un espace étroit, au milieu des 40° qui s'échappent du centre de la pièce. On s'ennuie, et, pour se distraire, au lieu de causer comme dans la salle des dames, on cherche à s'agiter ; et l'on se met à tourner processionnellement, en gilet de flanelle, autour de la chaudière centrale. Mais, chose remarquable, tout le monde tourne toujours du même côté, dans le sens des aiguilles d'une montre, si j'ai bonne mémoire, jamais en sens inverse. Du moins, cela s'est passé ainsi pendant tout le mois où j'ai subi cette insipide médication. Quelquefois j'ai essayé, au début de la séance, d'opérer un remous, un renversement de cette giration monotone ; je n'ai pu y parvenir. Tous les tourneurs, ou la plupart d'entre eux, se souvenaient d'avoir tourné la veille d'une certaine manière, et, inconsciemment, en vertu de cet instinct d'imitation qui nous suit partout, qui est avec l'instinct de sympathie et de sociabilité en rapport réciproque de cause et d'effet, chacun tendait à suivre fidèlement l'impulsion reçue. Par ce trait, entre parenthèses, on peut mesurer la force sociale du besoin d'imiter. Car, si un acte aussi insignifiant, aussi peu propre à émouvoir l'esprit ou le cœur, que celui du premier baigneur qui a eu l'idée de tourner dans ce sens, a été suggestif à ce point et a développé une tendance collective aussi enracinée, quelle doit être la puissance contagieuse des passions soulevées dans les masses par un chef qui leur souffle des idées de meurtre, de pillage et d'incendie, ou leur promet monts et merveilles ! Le docteur Aubry, qui, dans son intéressant ouvrage sur la *Contagion du meurtre,* a fort bien étudié les phénomènes de ce dernier ordre, me cite une petite observation faite par lui pendant ses études et qui vient à l'appui de la réflexion précédente. « Dans les amphithéâtres de dissection, m'écrit-il, on travaille beaucoup, mais le travail est de telle nature qu'il n'empêche pas de causer ni de chanter. Un jour, mes camarades et moi, nous fûmes frappés d'un fait psychologique que nous baptisâmes le *réflexe musical.* Voici en quoi il consistait. Au moment où le silence était aussi complet que possible, si l'un de nous chantait quelques mesures d'un air connu, puis s'arrêtait brusquement, presque aussitôt après, dans un autre coin quelconque de la salle, un étudiant continuait, en travaillant, l'air commencé. Nous avons fréquemment reproduit cette expérience et toujours avec succès. Souvent nous avons questionné notre continuateur, qui était tantôt l'un, tantôt l'autre de nos camarades, et nous avons compris par ses réponses qu'il ne s'était pas aperçu d'avoir suivi une impulsion, continué une chose commencée. N'y a-t-il pas dans cette suggestion, quelquefois inconsciente, quelque chose qui jette un peu de lumière sur ces idées apparues, on ne sait ni pourquoi ni comment, dans les foules, venues on ne sait d'où et répandues avec une rapidité vertigineuse[8] ? »

Revenons. Le public de théâtre donne lieu à des remarques analogues. S'il est le plus capricieux des publics, il en est aussi le plus moutonnier, il est aussi difficile de prévoir ses caprices que de réformer ses habitudes. D'abord, ses manières d'exprimer l'approbation ou le blâme sont toujours les mêmes dans un même pays : applaudissements et sifflets, chez nous. Puis, ce qu'il est habitué à voir sur la scène, il faut qu'on le lui montre toujours, quelque artificiel que cela puisse être ; et ce qu'il est habitué à n'y pas voir, il est dangereux de le lui montrer. Encore est-il à noter qu'un auditoire de théâtre est une foule assise, c'est-à-dire n'est foule qu'à demi. La vraie foule, celle où l'électrisation par le contact atteint son plus haut point de rapidité et d'énergie, est composée de gens debout et, ajoutons, en marche. Mais cette différence n'a pas toujours existé. En 1780 encore, - j'en trouve la preuve dans un article du *Mercure de France* du 10 juin 1780, - le parterre se tenait debout dans les principaux théâtres, et l'on commençait à peine à parler de le faire asseoir. Il y a lieu de penser que le parterre, en s'asseyant, s'est assagi ; et il en a été de même de l'auditoire politique et judiciaire chez les peuples qui, après avoir eu d'abord des parlements forains composés de guerriers ou de vieillards debout sous les armes, ont fini par avoir des assemblées closes dans des palais et assises sur des fauteuils ou des chaises curules. Il est probable aussi que ce changement d'attitude a donné à chaque auditeur un peu plus de force pour résister à l'entraînement de ses voisins, un peu plus d'indépendance individuelle. S'asseoir, c'est commencer à s'isoler en soi. Le parterre est devenu, ce semble, moins *misonéiste* depuis qu'il s'est assis ; c'est seulement à partir de cette époque que la scène française a commencé à s'émanciper. Pourtant, même parmi des spectateurs assis, subsistent les agents de suggestion mutuelle les plus efficaces, surtout la vue. Si les spectateurs ne se voyaient pas entre eux, s'ils assistaient à une représentation, comme les détenus des prisons cellulaires entendent la messe, dans de petites boites grillées d'où il leur serait impossible de se voir les uns les autres, il n'est point douteux que chacun d'eux, subissant l'action de la pièce et des acteurs pure de tout mélange avec l'action du public, jouirait bien plus pleinement de la libre disposition de son goût propre, et que, dans ces salles étranges, on serait beaucoup moins unanime soit à applaudir, soit à siffler. Dans un théâtre, dans un banquet, dans une manifestation populaire quelconque, il est rare que, même en désapprouvant *in petto* les applaudissements, les toasts, les vivats, on ose ne pas applaudir aussi, ne pas lever son verre, garder un silence obstiné au milieu de cris enthousiastes. A Lourdes, dans la foule processionnelle et orante des croyants, il y a des sceptiques qui, demain, au souvenir de tout ce qu'ils voient faire aujourd'hui, de ces bras en croix, de ces cris de foi poussés par une voix quelconque et aussitôt répétés par toutes les bouches, de ces baisements de terre et de ces prosternations en masse sur l'ordre d'un moine, feront des plaisanteries sur tout cela. Mais aujourd'hui ils ne rient point, ils ne protestent point, et, eux aussi, ils baisent la terre ou font semblant et, s'ils ne tiennent pas les bras en croix, en ébauchent le geste... Est-ce peur ? Non ; ces foules pieuses n'ont rien de féroce. Mais on ne veut pas *scandaliser.* Et cette crainte du scandale, qu'est-ce, au fond, si ce n'est l'importance extraordinaire attribuée par le plus dissident

et le plus indépendant des hommes au blâme collectif d'un public composé d'individus dont chaque jugement particulier ne compte pour rien à ses yeux ? D'ailleurs, cela ne suffit pas à expliquer toujours la condescendance habituelle et remarquable de l'incrédule à l'égard des multitudes ferventes où il est noyé. Il faut, je crois, admettre aussi qu'au moment où un frisson d'enthousiasme mystique passe sur elles, il en prend sa petite part et se trouve avoir le cœur traversé d'une foi fugitive. Et, cela admis et démontré pour les foules pieuses, nous devons faire usage de cette remarque pour expliquer ce qui se passe dans les foules criminelles, où souvent un courant de férocité momentanée traverse et dénature un cœur normal.

C'est une banalité, et aussi une exagération, de vanter le « courage civil » aux dépens du courage militaire, qui passe pour être moins rare. Mais ce qu'il y a de vrai dans cette idée banale s'explique par la considération qui précède. Car le courage civil consiste à lutter contre un entraînement populaire, à refouler un courant, à émettre devant une assemblée, devant un conseil, une opinion dissidente, isolée, en opposition avec celle de la majorité, tandis que le courage militaire consiste, en général, à se distinguer dans un combat en subissant au plus haut degré l'impulsion ambiante, en allant plus loin que les autres dans le sens même où l'on est poussé par eux. Quand, par exception, le courage militaire exige lui-même qu'on résiste à un entraînement, quand il s'agit, pour un colonel, de s'opposer à une panique, ou, à l'inverse, de retenir l'élan inconsidéré des troupes, une telle audace est chose plus rare encore, et, avouons-le, plus admirable qu'un discours d'opposition dans une Chambre de députés.

En somme, par son caprice routinier, sa docilité révoltée, sa crédulité, son nervosisme, ses brusques sautes de vent psychologiques de la fureur à la tendresse, de l'exaspération à l'éclat de rire, la foule est femme, même quand elle est composée, comme il arrive presque toujours, d'éléments masculins. Fort heureusement pour les femmes, leur genre de vie, qui les renferme dans leur maison, les condamne à un isolement relatif. En tout pays, à toute époque, les réunions d'hommes sont plus fréquentes, plus habituelles, plus nombreuses que les réunions de femmes. A cela tient peut-être en partie l'écart si grand entre la criminalité des deux sexes, au profit du plus faible. La moindre criminalité des campagnes comparées aux villes est un fait qui peut se rattacher à la même cause. Le campagnard vit à l'état de dispersion habituelle. Quand, par hasard, les femmes pratiquent la vie de rassemblement quotidien, - je ne dis pas la vie corporative, sous forme monastique ou autre, - leur dépravation atteint ou dépasse celle de l'homme. Et, pareillement, quand le paysan, les années où la vie est à très bon marché, cultive l'auberge autant que l'ouvrier le café, il devient facilement plus immoral que l'ouvrier et plus redoutable. Karl Marx, dans le Capital (chap, xxv), fait un tableau pittoresque des bandes d'ouvriers agricoles qui, recrutées par un chef « vagabond, noceur, ivrogne, mais entreprenant et doué de savoir-faire », promènent leurs bras dans divers comtés d'Angleterre. « Les vices de ce système, dit-il, sont l'excès de travail imposé aux enfants et aux jeunes gens... et la démoralisation de la troupe ambulante. La paye se fait à l'auberge au milieu de libations copieuses. Titubant, s'appuyant de droite et de gauche sur le bras robuste de quelque virago, le digne chef marche en tête de la colonne, tandis qu'à la queue la jeune troupe folâtre et entonne des chansons moqueuses ou obscènes. Les villages ouverts, souche et réservoir de ces bandes, deviennent des Sodomes et des Gomorrhes...»

V.

Jusqu'ici nous nous sommes plus spécialement occupés des foules ; attachons-nous maintenant davantage aux corporations. Mais d'abord indiquons le rapport que celles-ci ont avec celles-là, et la raison que nous avons eue de les réunir en une même étude. Cette raison est bien simple ;

d'une part, une foule tend à se reproduire à la première occasion, à se reproduire à intervalles de moins en moins irréguliers, et, en s'épurant chaque fois, à s'organiser corporativement en une sorte de secte ou de parti ; un club commence par être ouvert et public, puis, peu à peu, il se clôt et se resserre ; d'autre part, les meneurs d'une foule sont le plus souvent non des individus isolés, mais des *sectaires*. Les sectes sont les ferments des foules. Tout ce qu'une foule accomplit de sérieux, de grave, en bien comme en mal, lui est inspiré par une corporation. Quand une multitude accourue pour éteindre un incendie déploie une intelligente activité, c'est qu'elle est dirigée par un détachement de la corporation des pompiers. Quand un attroupement de grévistes frappe précisément où il faut frapper, détruit ce qu'il faut détruire, - par exemple les outils des ouvriers restés à l'usine, - pour atteindre son but, c'est qu'il y a derrière elle, sous elle, un syndicat, une union, une association quelconque[2]. Les foules manifestantes, processions, enterrements à allure triomphale, sont soulevées par des confréries ou des cercles politiques. Les Croisades, ces immenses foules guerrières, ont jailli des ordres monastiques, à la voix d'un Pierre l'Ermite ou d'un saint Bernard. Les levées en masse de 1892 ont été suscitées par des clubs, encadrées et disciplinées par les débris des anciens corps militaires. Les septembrisades, les jacqueries de la Révolution, ces bandes incendiaires ou féroces, sont des éruptions du jacobinisme ; partout, à leur tête, on voit un délégué de la *section* voisine. Là est le danger des sectes : réduites à leurs propres forces, elles ne seraient presque jamais très malfaisantes ; mais il suffit d'un faible levain de méchanceté pour faire lever une pâte énorme de sottise. Il arrive fréquemment qu'une secte et une foule, séparées l'une de l'autre, seraient incapables de tout crime, mais que leur combinaison devient facilement criminelle.

Les sectes, d'ailleurs, peuvent se passer des foules pour agir ; c'est le cas de celles qui ont le crime pour but principal ou pour moyen habituel, telles que la maffia sicilienne, la camorra napolitaine, l'anarchisme européen. Comme il a été dit plus haut, les corporations vont plus loin que les foules dans le mal comme dans le bien. Les noms que je viens de citer confirment éloquemment cette vérité. Rien de plus bienfaisant que la Hanse au moyen âge ; rien de plus malfaisant, de nos jours, que la secte anarchique. Ici et là, même force d'expansion, salutaire ou terrible. Née en 1241, la Hanse était devenue, en peu d'années, avec une rapidité de propagation inouïe à cette époque, « la suprême expression de la vie collective, la concentration de toutes les gildes marchandes de l'Europe »[10]. Au XIVè siècle, elle forme une fédération qui comprend plus de quatre-vingts villes et étend ses factoreries de Londres à Novogorod. Elle n'est cependant « fondée que sur le libre consentement des gildes et des villes, elle ne connaît d'autre moyen de discipline que l'exclusion, et si grande est la force corporative que la Hanse exerce néanmoins un ascendant sur toute l'Europe », dans l'intérêt majeur du commerce européen. L'anarchisme s'est propagé aussi rapidement. Vers 1880, le prince Kropotkine, son inventeur, fondait à Genève le *Révolté, puis* en 1881, à Lyon, le *Droit social,* feuilles presque sans lecteurs. « En 1882, dit M. l'avocat général Bérard[11], quelques adeptes à Lausanne ou à Genève, deux ou trois individus isolés à Paris, un ou deux groupes à Lyon avec ramification à Saint-Étienne, à Villefranche-sur-Saône et à Vienne, en tout une soixantaine, une centaine, si vous voulez, de personnes ; c'était alors toute la légion anarchiste ». Dix ans plus tard, le 28 mars 1892, une réunion purement anarchiste a lieu à Paris, approuvant expressément Ravachol et ses complices. Il y avait 3.000 personnes, et de nombreux télégrammes avaient été envoyés de la France et de l'étranger pour s'unir de cœur à l'assemblée. « Les anarchistes sont nombreux, très nombreux, dans la classe ouvrière » , dit le chimiste M. Girard, qui a souvent affaire à eux. D'après M. Jehan Préval[12], l'anarchisme n'est pas un simple ramassis de brigands, mais « un parti en voie de s'organiser, avec un but bien défini et avec l'espoir, assurément fondé, d'entraîner, à sa suite, au fur et à mesure des succès obtenus, la plus grande masse du prolétariat urbain ». Les anarchistes sont appelés par le même écrivain « les chevau-légers du socialisme ». - La propagation du nihilisme en Russie n'a pas été moins rapide. Les grands procès qui l'ont frappé en 1876 et 1877 en sont une preuve[13]. » Du reste, le nihilisme et l'anarchisme n'ont de commun que l'emploi des explosifs. L'anarchisme, délire prolétaire, a rêvé de détruire toute une classe sociale ; le nihilisme, conspiration des classes élevées de Russie, n'a jamais visé que quelques têtes. De là cette puissance extrêmement supérieure de terrorisation qui caractérise le premier ; menace constante et menace pour tous.

Entre les meilleures corporations et les plus criminelles, y a une autre similitude ; les unes comme les autres sont des formes de cette fameuse « lutte pour la vie » dont on a tant abusé ; formule commode qui doit les trois quarts de son succès, comme bien des gens, à sa souplesse seule. En effet, considérons les plus fécondes corporations du moyen âge : « Que l'on prenne, dit M. Prins, les plus anciennes et les plus simples, les gildes d'Abbolsburg, d'Exter ou de Cambridge, fondées au XIe siècle en Angleterre : celles du Mans ou de Cambrai fondées en 1070 et 1076 ; celle d'Amicitia dans la ville d'Aire, en Flandre, dont le comte Philippe confirma les statuts, en 1188 ; ou que l'on étudie les plus puissantes corporations au temps de leur splendeur, les foulons de Gand, les épiciers de Londres, les pelletiers d'Augsbourg, au XIVe siècle ; c'est toujours l'application d'un même principe ; des hommes incertains de l'avenir et menacés dans leurs intérêts cherchent le remède dans la solidarité. Leur histoire est d'ailleurs très simple, c'est la lutte des petits contre les grands. » On en dirait autant des Universités de jadis, grandes corporations intellectuelles, et même des corporations artistiques de la même époque, par exemple de celle des peintres constituée à Gand en 1337 sous le patronage de saint Lue. Mais l'anarchisme, lui aussi, n'est que cela : une lutte contre la Société supérieure. Seulement, il faut convenir que sa manière de lutter est toute différente. Pourquoi l'est-elle ? Pourquoi cette même cause, l'ardent désir d'un sort meilleur, a-t-elle poussé les uns à se solidariser dans le travail, les autres à se concerter pour le meurtre ?

Cette question, c'est le problème même des « facteurs du crime » si agité parmi les criminalistes contemporains ; mais c'est ce problème transporté des individus aux groupes, et posé pour les délits collectifs après ne l'avoir été que pour les délits individuels. En se déplaçant de la sorte, il s'éclaire et s'élargit, et offre un moyen de contrôler certaines solutions hâtives auxquelles ces derniers ont donné lieu. Ce n'est pas le moment de nous étendre sur ce contrôle. Par cette comparaison on s'apercevrait aisément que l'influence du climat, de la saison, de la race, des causes physiologiques, est ici certaine, mais qu'elle a été fort exagérée. On verrait que la part des causes physiques va décroissant dans les groupes à mesure qu'en s'organisant ils vont ressemblant davantage à un organisme individuel, que, par suite, elle est plus grande dans la formation, dans l'orientation honnête ou délictueuse des foules que dans celle des associations disciplinées. L'été, dans le Midi, pendant le jour, quand il fait beau, il est infiniment plus facile de provoquer des désordres dans la rue que l'hiver, au Nord, la nuit, et sous une pluie battante ; tandis que, dans les périodes de crise politique, il est presque aussi facile d'ourdir une conspiration l'hiver que l'été, au Nord qu'au Midi, la nuit que le jour ou le jour que la nuit, par un temps pluvieux que par un soleil splendide. On verrait au contraire que le « facteur anthropologique » ou, pour parler plus simplement, la composition du groupe, a une importance plus grande dans les associations que dans les rassemblements formés sous l'empire d'un sentiment vif et passager. Une foule, même composée d'une majorité d'honnêtes gens, peut se laisser facilement entraîner à des sortes de crimes passionnels, à des accès d'aliénation homicide momentanée, pendant qu'une secte, animée d'un sentiment fort et tenace, ne commet que des crimes réfléchis et calculés, toujours conformes à son caractère collectif et fortement empreints du cachet de sa race.

Mais ce ne sont là que des conditions secondaires. La question est de savoir quelles sont les causes qui les mettent en œuvre et à profit. Non seulement il n'y a pas de climat ni de saison qui prédestinent au vice ou bien à la vertu, puisque, sous la même latitude et aux mêmes mois, on voit éclore toutes sortes de forfaits à côté de toutes sortes de sublimités ou de délicatesses morales, mais il n'y a pas même de race qui soit vicieuse ou vertueuse par nature. Chaque race produit à la fois des individus qui *semblent* voués par une espèce de prédestination organique, les uns aux divers genres de crimes, les autres aux divers genres de courage et de bonté. Seulement la proportion des uns et des autres, à un moment donné, diffère d'une race à une autre race, ou, bien plutôt, d'un peuple à un autre peuple. Mais cette différence n'est pas constante, elle varie jusqu'à se renverser quand les vicissitudes de l'histoire font changer la religion, les lois, les institutions nationales, et baisser ou monter le niveau de la richesse et de la civilisation. L'Écosse, après avoir été pendant des siècles le pays de l'Europe le plus fertile en meurtres, d'après la statistique, est aujourd'hui le pays de l'Europe le moins meurtrier à population égale. Le nombre proportionnel des Écossais qu'on aurait cru pouvoir qualifier d'homicides-nés a diminué des neuf dixièmes environ en moins d'un siècle. Et si telle est la variabilité numérique de la Criminalité dite innée, combien plus variable encore doit être la criminalité acquise ? Comment s'expliquent ces variations ? Pourquoi un plus ou moins grand nombre de criminels *naissent-ils ou deviennent-ils* tels, et dans tel ou tel genre ? C'est là le nœud du problème.

VI.

Parmi les associations criminelles, nous pouvons distinguer aussi, si bon nous semble, celles qui sont des criminelles nées, et même cette expression à ce sujet rencontrera sans nul doute bien moins de contradicteurs que dans son acception habituelle ; car assurément on voit des sectes naître tout exprès pour le brigandage, la rapine, l'assassinat, très-différentes en cela de beaucoup d'autres qui, après avoir eu des fins plus nobles, se sont perverties ; la maffia et la camorra, par exemple, ont commencé par être des conspirations patriotiques contre un gouvernement étranger. - Mais cette distinction, qui a paru si capitale et a suscité tant de polémiques à propos de la criminalité individuelle, n'a pas la moindre portée dans son application à la criminalité collective. Criminelle de naissance ou criminelle de croissance, une secte qui fait le mal est pareillement haïssable, et les plus dangereuses sont souvent celles qui en grandissant ont dévié de leur principe initial. Si nous cherchons à remonter aux causes qui ont fait naître pour le crime les unes ou qui ont fait tomber les autres, nous trouverons que ce sont les mêmes, à savoir des causes d'ordre psychologique et social. Elles agissent dans les deux cas, de deux manières différentes et complémentaires : 1° en suggérant à quelqu'un l'idée du crime à commettre ; 2° en propageant cette idée, ainsi que le dessein et la force de l'exécuter. Quand il s'agit d'un crime individuel, la conception et la résolution, l'idée et l'exécution, sont toujours distinctes et successives, mais se produisent dans un seul et même individu ; c'est la principale différence avec le crime collectif, où divers individus se partagent les tâches, où les meneurs et les inspirateurs vrais ne sont jamais les exécuteurs. Différence analogue à celle qui sépare la petite industrie de la grande ; dans la première, le même artisan est, en même temps, entrepreneur et ouvrier, il est son propre patron ; dans le second, patrons et ouvriers font deux, comme on ne le sait que trop.

Or, qu'est-ce qui suggère l'idée du crime ? et je pourrais aussi bien dire l'idée de génie ? Les principes et les besoins, les maximes avouées ou inavouées et les passions cultivées plus ou moins ouvertement qui règnent dans la société ambiante, je ne dis pas toujours dans la grande société, mais dans la société étroite, et d'autant plus dense où l'on est jeté par le sort. Une idée de crime, pas plus qu'une invention géniale, ne jaillit du sol, par génération spontanée. Un crime, - et cela est surtout vrai des crimes collectifs, - se présente toujours comme une déduction hardie, mais guère moins conséquente que hardie, le plus souvent, de prémisses posées par les vices traditionnels ou l'immoralité nouvelle, par les préjugés ou le scepticisme d'alentour, comme une excroissance logique en quelque sorte, -et non pas seulement psychologique, - sortie de certains relâchements de conduite, de certains écarts habituels de parole ou de plume, de certaines tâches complaisances pour le succès, l'or, le pouvoir, de certaines négations sceptiques et inconsidérées, par système ou par genre, qui ont cours même parmi les plus honnêtes gens d'une époque et d'un pays. Dans un milieu féodal régi par le point d'honneur, l'assassinat par vengeance ; dans un milieu modernisé, envahi par la cupidité voluptueuse, le vol, l'escroquerie, l'homicide cupide, sont les délits dominants. Ajoutons que la forme et les caractères propres du délit sont spécifiés par l'état des connaissances théoriques ou techniques répandues dans ce milieu. Tel qui eût conçu, avant les derniers progrès de la chimie, un empoisonnement par un poison minéral, songera maintenant à empoisonner à l'aide d'un toxique végétal ; tel qui, hier, eût imaginé laborieusement une machine infernale dans le genre de Fieschi, étudiera aujourd'hui une nouvelle cartouche de dynamite à fabriquer, plus maniable et plus pratique, une cartouche de poche. Et cette spécification de procédés est loin d'être indifférente ; car, en enrichissant l'outillage du crime comme celui de l'industrie, le développement des sciences prête au crime une puissance monstrueusement croissante de destruction et rend l'idée et le dessein du crime accessibles à des cœurs plus lâches, plus nombreux, à un cercle toujours agrandi de consciences molles que le maniement, très dangereux, de la machine infernale de Fieschi ou de Cadoudal ou du couteau de Ravaillac eût épouvantés et qui ne tremblent pas à la pensée de déposer dans un escalier une marmite à renversement.

Une invention, en général, - car l'idée première d'un crime n'est qu'une espèce relativement très facile d'invention, - est une œuvre logique au premier chef ; et voilà pourquoi on a souvent dit avec exagération, mais non sans une part de vérité, que le mérite de l'inventeur se bornait à cueillir un fruit prêt à tomber. La formule newtonienne est déduite logiquement des trois lois de Képler, elles-mêmes implicitement contenues dans le résultat d'observations astronomiques accumulées depuis Tycho-Brahé et les astronomes chaldéens. La locomotive découlait de la machine à vapeur de Watt et du char antique et de nos besoins accrus de locomotion ; le télégraphe électrique découlait d'une découverte d'Ampère et de nos besoins multipliés de communication. L'inventeur, scientifique, militaire, industriel, criminel, est un logicien à outrance. Ce n'est pas à dire qu'il soit donné à tout le monde de déduire ainsi et que les prémisses élaborées par tous se soient concentrées d'elles-mêmes dans un cerveau sans nulle participation efficace de celui-ci ; il a été leur carrefour, à raison de sa passion caractéristique, cupidité ou curiosité, égoïsme ou dévouement à la vérité, qui a cherché et trouvé les moyens propres à atteindre ses fins. Et pour opérer cette convergence, pour formuler cette conséquence, audacieusement, en bondissant par-dessus les timidités d'esprit ou les répugnances morales qui retiennent dans un état habituel d'inconséquence inconsciente, soit fâcheuse, soit salutaire, les autres hommes, il a fallu une organisation exceptionnelle, un corps formé par une monade dirigeante des plus fortement trempées, des plus closes en soi et persévérantes en leur être. N'importe, sans l'ensemencement social, il est certain que cette terre féconde du caractère individuel n'eût rien fait germer.

Donc, les hommes de génie d'une société lui appartiennent, mais ses criminels aussi ; si elle s'honore à juste titre des uns, elle doit rougir et se repentir des autres ; car elle doit s'imputer à elle-même ceux-ci, quoiqu'elle ait le droit de leur imputer à eux-mêmes leurs actes. Cet assassin tue pour voler parce qu'il entend célébrer partout et par-dessus tout les mérites de l'argent ; ce satyre a entendu dire que le plaisir est le but de la vie ; ce dynamiteur ne fait qu'accomplir ce que conseillent tous les jours des feuilles anarchistes, et celles-ci, qu'ont-elles fait, si ce n'est de tirer les corollaires rigoureux de ces axiomes : la propriété, c'est le vol ; le capital c'est l'ennemi ? Tous entendent rire de la morale, ils sont immoraux pour n'être pas inconséquents. Les classes supérieures, que le crime atteint, ne s'aperçoivent pas que ce sont elles qui en ont émis le principe, quand elles n'en ont pas donné l'exemple.

Jusqu'à des dates assez récentes, on a pu à la rigueur soutenir ce paradoxe que, si la manie montante du délit attestée depuis trois quarts de siècle par nos statistiques était en elle-même un mal réel, elle n'avait nullement la valeur d'un symptôme ; que la perversité des coquins pouvait monter et même s'étendre constamment, sans qu'il fût le moins du monde prouvé par là que l'honnêteté des honnêtes gens allât s'abaissant. Loin de là, il se pouvait fort bien que la moralisation des masses cultivées ou incultes fît de réels progrès pendant que le crime en faisait de son côté. Ces choses ont été dites, et imprimées, par des optimistes on ne peut plus sincères, particulièrement imprégnés de cette infatuation collective qui est propre à notre temps. Mais, depuis les explosions de dynamite et l'affaire du Panama, je ne pense pas que ce langage soit encore de mise. Il y a quelque chose de trop significatif dans la coïncidence de cette épouvante et de ce scandale, l'une révélant les désespérances et les haines d'en bas, l'autre, la démoralisation et les égoïsmes d'en haut. Et le tout coïncide trop bien avec les courbes ascendantes de la statistique criminelle. Devant ce spectacle, on serait tenté de comparer notre état social à un vaisseau de guerre avarié dont va sauter la poudrière si l'on ne songeait à cette portion restée forte et saine de nos nations européennes, leurs armées. Et l'on bénirait presque, alors, la nécessité de l'universel armement si elle n'avait malheureusement sa part dans les conditions sociales, d'où est née, ou plutôt ressuscitée sous son effroyable avatar contemporain, « l'idée » anarchique. On ne tourne pas impunément l'esprit d'invention, comme nous l'avons fait depuis plus de vingt ans, vers la découverte de nouveaux explosifs militaires, d'engins formidables tels que les torpilles et les obus de mélinite. A force d'exalter comme de vrais bienfaiteurs de l'humanité les inventeurs de ces monstruosités, on a habitué l'imagination humaine aux horreurs de leurs effets ; et après avoir inventé ces choses contre l'ennemi du dehors, rien n'a paru plus naturel que de s'en servir contre l'ennemi ou le rival du dedans, contre l'étranger intérieur...

VII.

Passons à notre seconde question : l'idée criminelle une fois conçue, pourquoi et comment se répand-elle et s'exécute-t-elle ? Pourquoi et comment trouve-t-elle à s'incarner aujourd'hui en une secte plus ou moins vaste, plus ou moins forte et redoutable, qui la réalise, tandis qu'hier elle n'aurait pas recruté dix adhérents, ou *vice versa* ? Ici surtout les influences toutes sociales l'emportent sur les prédispositions naturelles. Sans doute, celles-ci sont requises dans une certaine mesure vague, par exemple un penchant prononcé au délire haineux, à la crédulité soupçonneuse ; mais ces aptitudes avortent s'il ne s'y joint, ce qui est essentiel, une préparation des âmes par des conversations ou des lectures, par la fréquentation de clubs, de cafés, qui ont jeté sur elles, en une longue contagion d'imitation lente, la semence d'idées antérieures propres à faire bien accueillir la nouvelle venue. Une idée se choisit ainsi ses hommes parmi ceux que d'autres idées lui ont faits. Car une idée ne se choisit pas seulement, mais se fait toujours ses hommes, comme une âme, - ou, si vous aimez mieux, comme un ovule fécondé, - se fait son corps. Et c'est ce que va faire aussi celle-ci : elle enfonce, elle étend peu à peu ses racines dans le terrain qui lui a été préparé. Du premier qui l'a conçue, elle passe, par impressionnabilité imitative encore, dans un seul catéchumène d'abord, puis dans deux, dans trois, dans dix, dans cent, dans mille.

La première phase de cette embryogénie est l'association à deux ; c'est là le fait élémentaire qu'il convient de bien étudier, car toutes les phases suivantes n'en sont que la répétition. Un jeune savant italien d'avenir, M. Sighele, a consacré un volume à démontrer que, dans toute association à deux, conjugale, amoureuse, amicale, criminelle, il y a toujours un associé qui suggestionne l'autre et le frappe à son empreinte. Et il est bon que cette démonstration ait été faite, si superflue qu'elle puisse paraître. Cela est très certain ; gare au ménage où il n'y a ni meneur ni mené : le divorce n'y est pas loin. Dans tous les couples, quels qu'ils soient, se retrouve, plus ou moins apparente ou effacée, la distinction du *suggestionneur* et du *suggestionné,* dont on a tant abusé du reste. Mais, à mesure que l'association s'accroît par l'adjonction de néophytes successifs, cette distinction ne cesse pas de se produire : ce pluriel, au fond, n'est jamais qu'un grand duel, et, si nombreuse que soit une corporation ou une foule, elle est une sorte de couple aussi, où tantôt chacun est suggestionné par l'ensemble de tous les autres, suggestionneur collectif, y compris le meneur dominant, tantôt le groupe entier par celui-ci. Dans ce dernier cas, la suggestion est restée unilatérale ; dans le premier, elle est devenue en grande partie réciproque ; mais le fait en lui-même n'a pas changé. Il est remarquable que l'un des plus frappants exemples de cette vertu autoritaire inhérente à certains hommes qui s'imposent pour modèle, nous soit fourni par la secte anarchique, fondée cependant, en théorie, sur la suppression radicale du principe d'autorité. S'il y a une société qui dût se passer de chef et de meneur, c'est bien celle-là. Mais il se trouve que, nulle part, ce rôle n'a été joué d'une manière plus brillante ni plus inexplicable que par le prince Kropotkine d'abord à Genève, puis par ses lieutenants ou sous-lieutenants Cyvoct à Lyon, Ravachol à Paris, Moineaux à Liège, et autres ailleurs. Et qu'est-ce, en somme, que la *propagande par le fait,* préconisée par elle avec trop de succès, si ce n'est la fascination par l'exemple ?

Il y a plusieurs manières d'être meneur, d'être suggestif, *impressionnant.* En premier lieu, on peut l'être autour de soi ou à distance, distinction importante. Car tel modèle agit à distance qui, de près, serait sans nulle action ou agirait autrement, ce qui n'a jamais lieu en fait d'hypnotisation véritable... par où l'on voit, entre parenthèses, que l'assimilation du phénomène qui nous occupe aux phénomènes hypnotiques ne doit pas être exagérée. Rousseau, par exemple, lu et relu, a fasciné Robespierre. Rousseau, dirait volontiers M. Sighele, a été *l'incube* et Robespierre le *succube. Mais il* est infiniment probable que, s'ils s'étaient personnellement connus, le charme entre eux n'eût pas été long à se rompre. Il en est de même du rapport qui s'établit entre les journalistes et leurs lecteurs, entre un poète, un artiste, et ses admirateurs qui ne le connaissent pas, entre un Karl Marx sibyllin et des milliers de socialistes ou d'anarchistes qui l'ont épelé. L'œuvre est souvent bien plus fascinatrice que l'ouvrier. En second lieu, de loin ou de près, c'est le degré exceptionnel tantôt de la volonté, l'intelligence restant médiocre, tantôt de l'intelligence ou seulement et surtout de la conviction, malgré la faiblesse relative du caractère, tantôt d'un robuste orgueil ou d'une vigoureuse foi en soi-même, dont on s'est fait l'apôtre, tantôt d'une imagination créatrice, qui donne à un homme de l'ascendant sur d'autres hommes. Il ne faut pas confondre ces diverses manières de mener ; et, suivant celle d'entre elles qui prédomine, l'action exercée par le même homme peut être excellente ou funeste. Ces quatre sortes principales d'influences, une volonté de fer, un coup d'œil d'aigle et une foi forte, une imagination puissante, un intraitable orgueil, sont souvent unies chez les primitifs ; et de là sans doute la profondeur de leur idolâtrie pour certains chefs. Mais, au cours de la civilisation, elles se séparent et, sauf certaines exceptions remarquables, - par exemple Napoléon, - divergent de plus en plus, l'intelligence notamment s'affinant aux dépens du caractère qui fléchit ou de la force de croire qui s'émousse. L'avantage est de tendre à mutualiser l'action suggestive, primitivement unilatérale. - En outre, ce n'est pas aux mêmes supériorités que l'efficacité dominante appartient dans l'action de près et dans l'action à distance. Dans celle-ci, c'est la supériorité intellectuelle ou imaginative qui est surtout opérante ; dans celle-là, c'est surtout la force de la décision, même brutale, de la conviction, même fanatique, de l'orgueil, même fou, qui est contagieuse. La civilisation a pour effet, heureusement, d'accroître sans cesse la proportion des actions à distance sur les autres, par l'extension incessante du champ territorial et du nombre des renommées, due à la diffusion du livre et du journal ; et ce n'est pas le moindre service qu'elle nous rend, et qu'elle nous doit en compensation de tant de maux. Mais dans le cas des foules, c'est l'action de près qui se déploie avec toute son intensité, trouble et impure ; dans le cas des corporations, beaucoup moins et beaucoup mieux, si ce n'est quand il s'agit de ces associations criminelles sans

passé et sans avenir que l'empire malfaisant d'un homme
suscite et qui meurent après lui.

VIII.

Pour revenir à la secte anarchique, si elle est toute
récente et sans passé, ce n'est que sous sa forme actuelle,
car, d'un simple coup d'œil jeté sur ses formes antérieures,
on s'aperçoit qu'elle est très antique. Le rêve apocalyptique
de l'universelle destruction pour le plus grand bien de
l'univers n'est point nouveau sous le soleil. Tous les
prophètes hébreux ont vécu de cette vision. Après la prise
de Jérusalem et la démolition du temple, l'an 70 de notre
ère, l'Empire romain vit éclore nombre d'apocalypses
variées, juives ou chrétiennes, toutes semblables en ceci,
qu'elles prédisaient la ruine complète et soudaine de l'ordre
établi, dans le ciel et sur la terre, comme nécessaire prélude
à une triomphante résurrection. Rien de plus ordinaire, aux
époques de cataclysmes, - une éruption du Vésuve ou un
grand tremblement de terre, - que cette conception de la fin
du monde et du Jugement dernier, quelque démenti qu'elle
oppose au prétendu *misonéisme* des peuples anciens. Ainsi,
les anarchistes actuels ne font que reprendre à leur compte
le cauchemar des millénaires. Seulement, c'est à raison des
péchés du monde, de la non-observation de la Loi, que les
fanatiques de Jérusalem voulaient l'extermination générale,
et ils étaient convaincus, d'après les Livres infaillibles,
qu'elle serait suivie d'une ère de prospérité promise par
Dieu même. Ils précisaient les détails de ce règne du
Messie. Mais nos anarchistes, quand on leur demande ce
qu'ils mettront à la place de la société démolie et rasée, ou
ne répondent rien, ou, poussés à bout, parlent vaguement
de la « bonne loi naturelle » à restaurer[14]. Il ne nous
montrent point les Livres saints où se lirait l'annonce
certaine de leur Messie à eux et de son règne ineffable.

Puis, ce n'est point à cause du mal moral, mais uniquement du mal économique et matériel dont souffre le monde, qu'ils ont résolu son épouvantable anéantissement.

Par une parenté plus directe, les anarchistes se rattachent aussi aux régicides de ce siècle et des siècles antérieurs, malgré la différence apparente des mobiles, d'ordre politique ici, d'ordre social là. À coup sûr, si les auteurs des machines infernales dirigées contre le Premier Consul, Louis-Philippe, Napoléon III, avaient connu la dynamite, c'est cette substance qu'ils auraient choisie pour leurs attentats, comme l'ont fait les adversaires politiques du président de Vénézuéla, qui, le 2 avril 1872, pendant la guerre civile de cet État, ont dynamité son palais, et, par miracle, ne l'ont pas atteint. Du reste, grâce au suffrage universel, le régicide n'est plus qu'une survivance. Depuis que la souveraineté, jadis concentrée sur une seule tête, s'est morcelée entre des millions de petits souverains, de grands ou petits « bourgeois », ce n'est plus un seul homme ou une seule famille, ce sont des millions d'hommes qu'il faut frapper ou épouvanter, pour supprimer l'obstacle majeur à la félicité future. Le *régicide* a dû, par suite, se transformer en *plébicide*[15], c'est-à-dire en anarchisme, et les Fieschi ou les Orsini en Ravachol[16].

Ce sont là des crimes de sectes. Il y a aussi des crimes de foules qui ont avec eux plus d'un trait commun. Tels sont les incendies épidémiques de monastères pendant la Réforme, de châteaux pendant la Révolution. Par ces bandes incendiaires déchaînées au grand jour, comme par nos dynamiteurs dispersés dans l'ombre, éclatait une haine féroce contre des classes encore régnantes, puis, l'habitude prise, une rage maniaque et vaniteuse de destruction. Ces bandes aussi avaient derrière elles des sophistes pour dogmatiser leurs forfaits, comme derrière tout despote, d'après Michelet, il y a un juriste pour justifier ses exactions. Et ces incendies, comme ces explosions étaient un crime propre, ne salissant point les doigts, épargnant à l'assassin la vue du sang de ses victimes, l'audition de leurs cris déchirants. Il n'y en a pas qui concilie mieux avec la cruauté la plus sauvage la sensibilité nerveuse la plus raffinée.

Cette comparaison montre à quel point une secte criminelle peut être même plus redoutable qu'une foule criminelle. En revanche, il est visible aussi que la répression a bien plus de prise sur la première que sur la seconde. - Ce qui fait le danger d'une secte, c'est ce qui fait sa force, c'est-à-dire la continuité du progrès dans sa voie. Et la preuve que l'anarchisme est bien une secte, c'est sa puissance effrayante à se perfectionner dans la préparation et le maniement de ses engins de meurtre. Ses systèmes de mèches et d'allumage ont commencé par être défectueux, ils n'ont pas tardé à être remplacés par d'autres plus parfaits, par la bombe à renversement, qui a été un infernal trait de génie. « Ils étudient avec ardeur maintenant, dit M. Girard, la confection d'une petite boulette de la grosseur d'une noix, qui, jetée le soir à vingt-cinq pas sur un groupe d'individus, tuera certainement l'ennemi visé... et les cinq ou six innocents qui l'entourent. »

Un autre danger des sectes, c'est qu'elles ne se recrutent pas seulement, comme font les foules, parmi des gens plus ou moins semblables entre eux par les instincts naturels ou l'éducation, mais qu'elles appellent et emploient diverses catégories de personnes très différentes entre elles. Qui se ressemble s'assemble, mais qui se complète s'associe, et pour se compléter il faut différer. Qui se ressemble s'assemble est surtout vrai des sectes. Il y a non pas un seul type, mais plusieurs types jacobins, nihilistes, anarchistes. A propos des anarchistes lyonnais de 1882, M. Bérard a été frappé de leur composition des plus variées : « des mystiques rêveurs, des naïfs ignorants, des malfaiteurs de droit commun... sur le même banc, des ouvriers qui avaient lu beaucoup sans bien comprendre ce qu'ils lisaient, faisant le plus étrange amalgame de toutes les doctrines ; de véritables bêtes fauves, dont Ravachol a été le plus bel échantillon ; enfin, les dominant tous, le fils de la plus autocratique des aristocraties, Kropotkine, lequel, de très bonne foi, croyait que la condition des paysans de France pouvait être assimilée à celle des serfs de Russie... » Sans parler de véritables fous qui se mêlaient au groupe. - Voilà pour les praticiens du crime sectaire ; quant à ces théoriciens qui s'en distinguent très nettement et, parfois très sincèrement, les répudient, ils ne sont pas moins multiples et divers ; il y a loin du génie hargneux et hautain qui forge contre le capital de spécieux théorèmes, au tribun, comme Lassalle, qui les lance en brûlots, au journaliste qui les vulgarise et les applique et les frappe en menue monnaie fausse. Pourtant le concours de tous ces talents dissemblables et leur rencontre avec les mystiques, les naïfs et les malfaiteurs, dont il vient d'être parlé, et qui ont eux-mêmes concouru ensemble, ce double concours et cette rencontre ont été nécessaires pour qu'une bombe de dynamite ait éclaté {17}.

Physiquement, ils sont aussi hétérogènes que moralement. Quelques-uns sont des déclassés physiologiques et anatomiques, pour ainsi dire ; nombre d'anarchistes de Lyon paraissent avoir été dans ce cas. En cela ils ne ressemblaient guère à leurs confrères de Liège. Mais aussi faut-il observer que les nombreux attentats commis par ces derniers, dans cette ville, du mois de mars au 1er mai 1892, n'ont eu d'autres suites que des destructions matérielles (notamment dans l'église Saint-

Martin, celle de merveilleux vitraux) ; on a eu même des raisons de croire qu'ils n'avaient jamais cherché à tuer ou blesser personne. Quoi qu'il en soit, deux anarchistes distingués, qui ont vu et examiné longtemps en prison ces seize anarchistes liégeois, M. Thiry, professeur de droit pénal à Liège, et M. Prins, inspecteur général des prisons de Belgique, m'ont affirmé, avec un parfait accord, n'avoir point noté chez eux la moindre anomalie physique. L'un et l'autre ont été frappés par « leur air de grande honnêteté ». Tous ces hommes ont paru à M. Thiry irréprochables « au point de vue du travail, de la famille et des mœurs ». L'un d'eux est d'un mysticisme extraordinaire. Plusieurs, la plupart même, « sont fort intelligents ». Ce qui ne les empêche pas d'être d'une grande naïveté, d'après M. Prins. « Ils voulaient, lui ont-ils dit, attirer l'attention du public sur le sort malheureux du peuple en frappant un grand coup. La Commune de Paris avait attiré l'attention sur le sort des ouvriers ; il fallait continuer. » Tous, sauf leur chef, Moineaux, se sont, en captivité, repentis de leurs égarements : ce seul fait dénote l'empire que celui-ci avait sur eux. D'ailleurs, « il est évident, m'écrit encore M. Prins, qu'ils se sont exaltés mutuellement en causant ensemble », ce qui explique leur conversion après leur isolement cellulaire. « J'ai été frappé, ajoute le même observateur, de la physionomie avenante, ouverte, intelligente et sympathique d'un jeune homme, ouvrier armurier. Il m'a raconté qu'il passait, en dehors des heures de travail, tout son temps à lire. Il avait lu, m'a-t-il dit, Montesquieu, Proudhon, Kropotkine, etc. Dans Montesquieu, il avait trouvé la justification du droit à l'insurrection ; dans Proudhon, il avait lu que la propriété c'est le vol. La *Conquête de Paris,* du prince Kropotkine l'avait ému. Vous ne pouvez vous imaginer Monsieur, m'a-t-il dit, comme c'est beau ! Combien des cerveaux pareils doivent être suggestibles !

Le portrait que nous fait M. Hugues Le Roux, dans *le Matin,* des anarchistes parisiens chez lesquels il a déjeuné s'accorde parfaitement avec les observations de MM. Prins et Thiry. « Je regardais, dit-il, mes hôtes avec curiosité. Ils n'avaient point sur la figure ces terribles asymétries, ces férocités d'alcoolisme qui font si attristantes les photographies de M. Bertillon. C'étaient des gens du peuple d'une culture au-dessous de la moyenne, tous des travailleurs. » Ils exposent leurs théories très semblables à celles que deux autres « compagnons » qui se sont rendus aux bureaux du *Matin (11* novembre 1892) y ont développées. Ces derniers venaient recueillir des souscriptions pour des *soupes-conférences.* Le pain du corps et le pain de l'esprit à la fois. Le *panem et circenses* était peut-être moins dangereux.

Toutes ces idées qu'il s'agit de répandre par ces « conférences », nous les connaissons, nous savons leur origine. C'est avec de fausses idées, des déclamations, des théories souvent abstruses, qu'on crée des sectes ; c'est avec des sensations, de fausses sensations parfois, des mensonges pour les yeux, et non pour l'esprit, qu'on soulève les foules. Quand aux funérailles de César, Antoine veut soulever le peuple de Rome, que fait-il[18] ? Après un pathétique discours, il fait tout à coup dresser et découvrir le cadavre qui jusque-là était resté étendu et voilé ; le cadavre nu et couvert de vingt-trois blessures. « Le peuple croit que César lui-même se lève de sa couche funèbre pour lui demander vengeance. Ils courent à la curie où il a été frappé, ils l'incendient ; ils cherchent les meurtriers, et trompés par le nom, ils mettent en pièce un tribun du nom de Cinna qu'ils prennent pour Cinna le préteur[19]... » Au lieu de ces sensations hallucinatoires, mettez des sophismes théologiques, métaphysiques, économiques, suivant les temps et les lieux, une secte va naître, - hussites, anabaptistes, jacobins, nihilistes, anarchistes, - plus incendiaire, plus homicide, plus terrible, et beaucoup plus durable, que l'émeute romaine obéissant au cadavre de César.

De Karl Marx à Kropotkine, de Kropotkine à Ravachol, la distance est grande ; mais les trois s'enchaînent, - j'en ai regret pour le premier, qui est un économiste hors ligne. De l'indignation, trop souvent justifiée, contre un ordre social jugé injuste et mauvais, on passe fatalement à la colère qui maudit les bénéficiaires de cette injustice, et à la haine qui les tue ; n'y a-t-il pas des gens qui naissent avec le besoin irrésistible de haïr quelque chose ou quelqu'un ? Leur haine un jour ou l'autre se fait son objet, qu'elle incarne vite en une tête à frapper par la plume ou par le fer, par la diffamation ou par l'assassinat. Les violents de la presse la désignent aux meurtriers de la rue. Ravachol est le type de l'anarchiste pratiquant, du sicaire désintéressé. Il appartient à la catégorie de ces récidivistes de droit commun que toute secte criminelle compte dans ses rangs. « Beaucoup d'anarchistes, dit Bérard, ont été condamnés pour vol : Bordat, Ravachol, François, l'auteur de l'explosion Véry. » Encore est-il juste d'observer que, même dans les vols et les homicides ordinaires commis par eux, se révèle une trempe rare de volonté ou un mobile à part. Quelle lugubre énergie dans la violation de sépulture avouée par Ravachol ! Si, dans l'assassinat de l'Ermite, il a tué pour voler, peut-être est-il plus vrai de dire qu'il a volé pour tuer, pour fournir aux bons compagnons l'argent nécessaire à l'exécution de leurs sanglants desseins. Ravachol a été en ce sens un logicien sinistre : ce vieil ermite est un capitaliste, tout capitaliste est un voleur qui affame et tue l'ouvrier, tuons-le, reprenons notre bien [20] en prenant son or, employons cet or à exterminer les bourreaux du peuple et à détruire tout ce qu'ils ont construit, cathédrales, palais, musées, bibliothèques, mines, usines, chemins de fer, incarnations ou déguisements multiformes du hideux Capital.

Ce caractère de monstrueuse logique est bien plus marqué encore en Ravachol qu'en Fieschi, à qui il ressemble d'ailleurs par plus d'un trait : il y a eu progrès de l'un à l'autre à cet égard comme au point de vue des engins mis en œuvre. Même orgueil théâtral, insensé chez les deux[21] ; même force d'âme. Fieschi, lui aussi, était récidiviste, jadis il avait volé des bestiaux en Corse, sa patrie, et contrefait le sceau de la mairie : peccadilles au demeurant, paraît-il, chez ces insulaires. Mais, dans ce tisserand corse, si la logique est moindre, si, dans cette nature abrupte, tout est moins terriblement cohérent et convergent au but, il y a, en revanche, plus de cette sombre et atroce beauté qui est le rayon à la Rembrandt de ces grands coupables. Il a tout avoué, « afin de ne pas passer pour un menteur »[22]. Il rougirait de mentir, cet ancien faussaire ! Courage et cruauté sont la face et le revers habituels d'une même médaille antique ; comme tant de vieux Romains, il était brave et cruel par bravoure. Ce mépris de la vie d'autrui, qui fait sacrifier sans sourciller une vingtaine d'indifférents pour atteindre un seul homme, se comprend un peu mieux, s'il ne s'excuse pas, quand il est lié au mépris de la mort. Cet assassin n'était point lâche.

Il nous a laissé de son état d'âme au moment de son attentat une peinture trop vivante pour n'être pas vraie ; du reste, il avait, par orgueil, le culte de la véracité aussi bien que le culte de la gratitude. Il est là, dans une chambre, derrière ses vingt-quatre canons ajustés, à l'instant où le roi va passer. Il s'est juré d'accomplir sa fatale résolution, il l'a promis à Pépin et à Morey, il l'accomplira coûte que coûte... Cependant il aperçoit dans la foule M. Ladvocat « son bienfaiteur ». A cette vue il change l'ajustement de ses fusils, car il lui est impossible d'attenter à cette vie, sacrée pour lui. Mais, M Ladvocat disparaît, le roi apparaît, escorté d'un régiment. Nouvelles hésitations : tuer tant de généraux, d'officiers « qui ont gagné leurs grades sur le champ de bataille, en combattant pour le pays, sous les ordres du grand Napoléon, le grand Corse » ! Le cœur va lui manquer, quand il lui vient à l'esprit, dit-il, qu'il a donné sa parole à Pépin et à Morey, et il se dit : « Il vaut mieux mourir - et même tuer - que de survivre à la honte d'avoir promis, puis de passer pour lâche [23]... » Et il presse la détente. Peut-on dire que de tels hommes, Fieschi et Ravachol même, étaient inévitablement prédestinés au crime ? L'attentat du premier n'a pas été, non plus, une chose simple. Il a fallu, pour le produire, que l'astuce froide et taciturne de Morey, les ressources financières et intellectuelles un peu supérieures de Pépin, se soient combinées avec l'opiniâtre énergie de Fieschi ; et il a fallu aussi que le fanatisme des trois fût excité, chauffé chaque jour par les violences de quelques journalistes, encouragés eux-mêmes par la malignité ou la badauderie de milliers de lecteurs. Supprimez l'un de ces cinq « facteurs » - le public, les journaux, la conception, l'argent, l'audace, - l'épouvantable explosion n'eût pas eu lieu. A chaque bombe qui éclate donc, - et à chaque scandale financier, parlementaire ou autre, qui émeut l'opinion, - nous pouvons tous faire, plus ou moins, notre *meâ culpâ* : nous avons tous notre petite part dans les causes mêmes de notre alarme. C'est un peu notre faute à tous si certaines organisations puissantes ont, comme ont dit, mal tourné. Sans doute, il ne s'ensuit pas qu'on doive acquitter ces malfaiteurs. Les contagions que nous subissons nous révèlent à autrui, et à nous-mêmes parfois, encore plus qu'elles ne nous entraînent ; elle ne nous absolvent pas. Quand la foule féroce s'acharne au martyr, quelques spectateurs sont fascinés et entraînés par elle, mais d'autres le sont par lui. Dirons-nous que ces derniers, héros par imitation, ne méritent, à raison de cet entraînement, aucune louange ? Ce serait précisément aussi juste que d'épargner toute flétrissure aux premiers, parce qu'ils n'ont eu qu'une férocité de reflet. - Mais laissons, pour le moment, ces délicats problèmes de responsabilité. Par les considérations et les documents qui précèdent, nous nous sommes seulement proposé d'étudier un peu la psychologie, la pathologie comparées des foules et des associations criminelles, mais non leur thérapeutique pénale.

Chapitre 2
Les crimes des foules.

I.

Dans les nouvelles comme dans les anciennes écoles, les criminalistes se sont exclusivement occupés du crime individuel, pas assez du crime collectif ; et ils se sont ainsi privés des lumières que l'étude de ce dernier pouvait projeter sur l'explication vraie de celui-là. Ce n'est pas qu'on n'ait étudié parfois ces petites bandes de malfaiteurs composées de trois membres le plus souvent, et, par suite, appelées tierces, dont M. Joly parle dans l'un de ses ouvrages, ni même des bandes plus nombreuses. Mais, ici ou là, on n'a presque jamais vu dans la criminalité dite collective qu'un simple total de criminalités individuelles. C'est un point de vue admissible jusqu'à un certain point, quand les individus n'ont agi qu'à l'état dispersé malgré le lien de l'association qui les unit ; c'est un point de vue manifestement faux quand ils ont agi en commun et en masse, sous l'impulsion d'entraînements auxquels tous participent et où se dégagent des forces, des virtualités ; qui, à l'état d'isolement, resteraient engourdies. Ce dernier cas est le seul qui doive nous intéresser ici. Nous n'aurons égard aux sectes criminelles que pour faire mieux comprendre, par voie de comparaison, les foules ou les bandes criminelles, dont elles sont, si souvent, le ferment caché. A quel signe reconnaître qu'une agglomération de personnes, au lieu d'être un simple rassemblement, est elle-même une sorte de grande personne confuse aux milles visages ? A ce signe, entre autres, qu'elle a son amour-propre collectif, distinct de l'amour-propre de ses membres. En Algérie, la tribu a son honneur à elle, sa « horma » bien différente de la « horma » des Arabes qui la composent ; et rien ne prouve mieux sa réalité vivante ; Si les foules, organismes spontanés, momentanés et inférieurs, ont rarement leur honneur propre, les sectes, même criminelles, ont le leur assurément ; et les unes comme les autres ont toujours, dans le feu de l'action commune, leur orgueil et leur vanité propres, très exaltés par le sentiment de leur toute-puissance, tant que la troupe armée n'apparaît pas. Le moindre geste irrespectueux, la moindre marque de contradiction les exaspère ; d'un bout à l'autre de l'histoire, leur insolence et leur intolérance n'ont d'égales que celles d'un despote africain. Ce caractère est surtout marqué chez les foules qui ont le meurtre, le pillage ou l'incendie pour âme, comme chez le malfaiteur ; elles se sont de tout temps signalées par l'exhibition de galons ou d'oripeaux ridicules, de même que les compagnies commerciales organisées pour l'exploitation frauduleuse du public se font remarquer par un luxe extraordinaire de réclames, où il ne faut pas voir seulement un appât trompeur, mais un étalage vaniteux.

Comment se forme une foule ? Par la vertu de quel miracle tant de gens, dispersés naguère, indifférents les uns aux autres, se sont-ils solidarisés, agrégés en chaîne magnétique, poussent-ils les mêmes cris, courent-ils ensemble, agissent-ils de concert ? Par la vertu de la sympathie, source de l'imitation, et principe vital des corps sociaux. Une poignée de meneurs réveille cette puissance endormie, la dirige vers un point déterminé ; mais, pour que cette impulsion initiale soit suivie et que l'embryon de la foule aille vite grossissant, il faut qu'un travail antérieur, et tout semblable au fond, se soit opéré dans les cerveaux. Une contagion lente d'esprit à esprit, une imitation tranquille et silencieuse, a toujours précédé ces contagions rapides, ces imitations bruyantes et entraînantes qui caractérisent les mouvements populaires. C'est la propagande des idées de Luther au commencement du XVIe siècle, des idées de Rousseau au XVIIIe, qui seule a rendu possible le soulèvement des paysans de Thuringe par Munzer en 1525, les bandes de Tilly et de Wallenstein pendant la guerre de Cent Ans, les bandes de Jourdan à Avignon et dans le Comtat Venaissin pendant la Révolution française.

Une foi commune, une passion commune, un but commun : telle est, grâce à la double contagion dont il s'agit, l'énergie vitale de cet étrange être animé qu'on nomme une foule. C'est par la nature de ce but, de cette idée, de cette passion, encore plus que par les différences de race et de climat, que les foules se distinguent. Nous retrouvons ici la distinction du criminel de tempérament, ou plutôt de caractère, et du criminel d'occasion, que l'observation du crime individuel a dès longtemps suggérée.

Mais, en même temps qu'elle se reproduit ici, elle s'éclaircit et s'explique. Il y a, sans nul doute, des foules, des sectes mêmes, nées tout exprès pour le crime, comme on dit qu'il y a des criminels-nés ; et, par là, nous apprenons ce que signifie au juste cette dernière expression, à savoir une orientation habituelle, volontaire à l'origine, vers une fin mauvaise, de forces qui étaient en elles-mêmes susceptibles d'une autre direction. Du reste, s'il y a lieu d'établir une démarcation plus ou moins nette entre les foules ou les sectes qui commettent le crime accidentellement, mais qui se sont formées sous l'empire de mobiles étrangers au crime, parfois même généreux, et celles qui, comme les *Chauffeurs vers* 1800, ou la *Mala Vita,* sont organisées en vue du meurtre et du vol directement, il n'en est pas moins vrai que les foules et les sectes criminelles d'occasion sont les plus dangereuses et les plus désastreuses. C'est qu'elles sont les plus contagieuses et troublent profondément les consciences spectatrices par ce mélange intime de grandeur et d'horreur, de beauté et de cruauté qui les constitue.

M. Sighele, dans sa folla *delinquente,* écrit neuf et fécond, a justement fait remarquer que, en dépit d'une idée incidente de Spencer, le composé social diffère bien souvent de ses éléments individuels et n'en est pas seulement la somme[24]. J'ajoute qu'il en est quelquefois le *produit,* quand ses éléments sont homogènes, d'autres fois la *combinaison,* quand ils sont dissemblables. Dans le premier cas, les sentiments tout pareils dont ils sont animés s'élèvent subitement en chacun d'eux à une intensité qui tient à leur mutuelle multiplication en quelque sorte. Par là, on comprend pourquoi, quand le hasard ou une mutuelle affinité fait que des malfaiteurs se trouvent rassemblés et engagés dans une action d'ensemble, leur criminalité collective est très supérieure à la moyenne de leurs criminalités particulières. Par la même raison, l'égoïsme collectif est plus intense mille fois et plus impérieux que les égoïsmes privés synthétisés en lui. Dans le second cas, il se forme une résultante originale des tendances divergentes et même contradictoires que présentent les individus réunis, et qui se fusionnent au feu de leur fièvre. Mais, avant tout, une observation générale est à noter. Quel que soit le but, môme noble et légitime, qui soulève une foule, sa formation est toujours, par un côté important, une véritable rétrogradation sur l'échelle de l'évolution sociale. Car, autant se resserre ainsi et s'intensifie le lien social, autant il se rétrécit. Tous ces hommes entre lesquels circule, comme le sang à travers les cellules d'un même corps, le sentiment exalté de leur solidarité, le courant de leur mutuelle surexcitation, deviennent aussitôt étrangers à toute l'humanité qui ne fait point partie de leur groupe, inaccessibles à la pitié pour les souffrances des autres hommes, naguère leurs frères et leurs concitoyens, maintenant des inconnus ou des ennemis, bons à massacrer, à brûler, à piller. C'est le retour à l'état moral de l'individu engagé dans les liens de la famille primitive. Ce qui ne veut pas dire, d'ailleurs, qu'il s'agisse là d'atavisme le moins du monde, si ce n'est par métaphore.

Telle est la raison pour laquelle la générosité ou l'élévation du but religieux, politique, patriotique, poursuivi par les individus qui s'agrègent en foule ou s'organisent en secte, n'empêche pas le prompt abaissement de leur moralité et la basse atrocité de leur conduite dès qu'ils se mettent à agir collectivement. Les paysans allemands du XVIe siècle se soulèvent et s'arment au nom de la charité et de la fraternité évangélique, mais, à peine sont-ils entrés en campagne, « je vois bien à présent, dit avec mélancolie un de leurs généraux, que la plupart d'entre eux ne songent qu'au vol et au pillage[25]. » Ces « hordes fraternelles », après avoir incendié, pillé châteaux et abbayes, et assassiné leurs habitants, contraignent les bons bourgeois, leurs alliés de cœur, à les imiter, en les menaçant eux-mêmes de mort, de dévastation et d'incendie. Quand les ciompi, les citoyens non classés de la démocratie florentine, au XIVe siècle, s'insurgèrent pour obtenir, comme de juste, leur place au soleil, il se ruèrent d'abord sur les palais abandonnés des magnats, puis, ivres de destruction, mutuellement entraînés, ils finirent par tout brûler et ravager indistinctement, maisons d'amis ou maisons d'adversaires[26].

II.

Si, comparée à une nation civilisée, la foule apparaît comme un organisme social rétrograde, son caractère de rétrogradation est bien plus manifeste encore quand on la compare à l'individu : cela est vrai a *fortiori*. En effet, les plus hautes formes d'association qui soient connues sont toujours très inférieures organiquement aux êtres vivants dont elles se composent. Le polypier est une sorte de plante, tandis que le polype est un animal ; si curieuse que soit l'organisation de l'essaim d'abeilles ou de la fourmilière, un essaim ou une fourmilière est quelque chose d'incomparablement moins compliqué, moins merveilleux, que l'abeille et la fourmi. Il en est de même de l'humanité. Nos constitutions politiques sont des mécanismes grossiers auprès de nos organismes ; et jamais cet esprit collectif qu'on appelle un parlement ou un congrès n'égale en fonctionnement rapide et sûr, en profondeur et amplitude de délibération, en génialité d'intuition ou de décision, l'esprit du plus médiocre de ses membres. Solon disait des Athéniens : « Chacun, pris en particulier, est adroit comme un renard ; mais, réunis, ils ont l'esprit obtus. » (Droysen). De là le proverbe : *senatores boni viri, senatus autem mala bestia...* Un autre proverbe, il est vrai, - car cette prétendue sagesse des nations abonde en contradictions, bien plus que la sagesse de n'importe quel individu, et cela même vient à l'appui de notre idée, - un autre proverbe dit que « personne n'a plus d'esprit que Voltaire, si ce n'est tout le monde ». Mais je tiens cet adage pour une contre-vérité, accréditée par les courtisans du peuple souverain[27].

Ainsi, le composé social, même le plus parfait, présente un type d'organisation en général plus bas que celui de ses éléments. Mais combien cela est surtout vrai de la foule, cet agrégat social des plus infimes ! La foule, parmi les populations les plus civilisées, est toujours une sauvagesse ou une faunesse, moins que cela, une bête impulsive et maniaque, jouet de ses instincts et de ses habitudes machinales, parfois un animal d'ordre inférieur, un invertébré, un ver monstrueux où la sensibilité est diffuse et qui s'agite encore en mouvements désordonnés après la section de sa tête, confusément distincte du corps. Car la « bête humaine » varie d'après chaque espèce de multitude, et il y a là toute une faune humaine, pour ainsi dire, à étudier.

La foule n'est jamais un être « frontal », à peine est-elle « occipitale », elle est plutôt « spinale », comme le dit le docteur Fournial, d'après le Dr Laccassagne. Cependant elle se compose d'être en majorité « frontaux » ou « occipitaux ». Le Dr Fournial observe aussi, avec beaucoup de justesse, qu'une foule, composée d'adultes, a ordinairement quelque chose d'enfantin, de puéril dans ses actes, dans ses colères, par exemple, et ses méchancetés gratuites. Elle détruit souvent pour le plaisir de détruire. Au XVIe siècle, comme sous la Révolution française, comme en tous temps et en tous lieux, on la voit fréquemment, même formée de voleurs ou conduite par eux, préférer l'incendie au pillage et le meurtre inutile au vol[28].

En général, la criminalité collective est violente, jamais astucieuse ; en quoi elle est aussi, parmi nos peuples contemporains, une régression. Une secte, il est vrai, est susceptible de criminalité perfide et froidement préméditée. Mais elle n'en est pas moins inférieure en moralité à la plupart de ses membres (quand elle ne leur est pas très supérieure) ; et l'on peut citer des sociétés, des nations même, réputées par leur perfidie, qui se recrutent parmi des individus francs et sincères. L'Anglais a plus de franchise, à coup sûr, de loyauté et de générosité que l'Angleterre.

Une secte composée de libéraux est portée à l'intolérance et au despotisme. Une foule encore plus. L'une et l'autre, en tous cas, sont beaucoup plus despotiques, plus intolérantes, que ne l'est la majorité de leurs membres. Pourquoi ? Parce que les opinions, en se rapprochant et s'entre-fortifiant, se font conviction et foi, et les convictions fanatisme ; ce qui était simple désir chez l'individu devient passion dans la masse. La foule, comme les primitifs, ne connaît pas le doute ni l'hésitation, ni les demi-vouloirs, ni les demi-croyances ; elle est essentiellement dogmatique et passionnée. Mais, en revanche, elle est portée aussi à se contredire, comme les femmes et les enfants, avec le plus complet sans-gêne et l'inconscience la plus absolue ; et du Capitole à la roche tarpéienne, avec elle surtout, il n'y a qu'un pas. Philippe de Ségur [29] raconte le fait d'une bande d'enragés qui, sur la fin de 1792, poursuivaient un gros fermier des environs de Paris soupçonné d'être accapareur. Quelqu'un ayant pris sa défense avec quelque chaleur, « les massacreurs passèrent subitement d'une horrible rage à un enthousiasme d'humanité non moins exagéré. Ils forcèrent de boire et de danser avec eux, autour de l'arbre de la Liberté, le malheureux qu'un instant auparavant ils allaient pendre aux branches. » En face de l'individu isolé qui s'oppose à elle, la multitude ne supporte ni résistance, ni contradiction ; il faut, sous peine de mort, qu'il crie avec elle vive ou à bas, qu'il marche où elle marche, qu'il fasse ce qu'elle fait. Mais, en face de la force armée, elle prend peur, et, au premier coup de feu, se disperse, car chacun de ceux qui la composent perd aussitôt cet orgueilleux sentiment de toute-puissance momentanée, de couronne éphémère, qui tout à l'heure l'enivrait. Par ces brusques alternatives de despotisme et de lâcheté, par ces explosions successives de sentiments contraires, la foule montre sa déséquilibration innée. Un rassemblement de gens assez sains d'esprit devient, en effet, un seul et unique fou. Et cette folie de la foule, délire des persécutions, mégalomanie, manie aiguë, a pour cause ordinaire, comme celle de l'individu, la prodigieuse tuméfaction de l'orgueil et de l'égoïsme. Autre cause encore : l'alcoolisme. Il est à remarquer que, terribles ou gaies, féroces ou enthousiastes, les foules ont une tendance constante à l'ivrognerie, même quand elles sont formées de gens relativement sobres. Leur soif est inextinguible. En pillant des maisons, leur première besogne est d'enfoncer les caves et les tonneaux.

Les foules ont cependant leurs admirateurs sincères et leurs apologistes passionnés. On admirera, par exemple, l'unanimité qui les caractérise et où l'on verra, sous leur désordre apparent, l'ordre suprême. Partout, en effet, où l'on aperçoit un grand mouvement d'ensemble, un puissant entraînement humain, on est porté à s'émerveiller, comme devant une tempête. L'erreur de cet émerveillement provient de ce qu'on oublie la cause toute simple de ces phénomènes majestueux, l'imitation, ce qui incline à leur prêter quelque source mystérieuse. Et le fait admiré, ici, est d'autant moins admirable qu'il se rattache à la forme la plus élémentaire et la moins élevée de l'imitation. Pourquoi, en effet, la foule n'a-t-elle qu'une manière de pratiquer l'accord interne, à savoir l'unisson, l'unanimité ? Pourquoi lui est-il impossible de connaître l'harmonie de convictions ou de tendances différentes en train de se satisfaire par mutuelle assistance, de s'équilibrer par mutuelle tolérance ? Pourquoi n'y a-t-il jamais pour elle de milieu entre l'unisson et la cacophonie, entre l'unanimité qui lui est habituelle et l'anarchie qui s'y produit, exceptionnellement, quand des groupes dissidents y surgissent et s'y font une guerre civile ? Parce que l'unanimité est toujours le fruit de l'imitation unilatérale, de l'action exercée par quelques meneurs sans nulle réciprocité, tandis que l'harmonie plus complexe d'une nation civilisée est produite par un échange d'influences diverses entre inventeurs et imitateurs. Et c'est seulement quand l'unanimité s'est établie de la sorte dans une multitude, que, par leur mutuel reflet, les sentiments unanimes s'accroissent en intensité dans le cœur de chacun de ceux à qui ils ont été suggérés. Si l'on s'extasie devant l'unanimité des foules, autant vaut-il s'extasier devant cette tendance qu'elles ont toutes, comme l'a fort bien remarqué le Dr Fournial, à faire le même geste, à pousser le même cri, à entonner le même refrain.

Autre considération. De tous nos mobiles d'action, celui qui s'élève au plus haut paroxysme d'excitation parmi les hommes entassés, c'est un mobile d'ordre inférieur, l'amour-propre. Et de toutes les formes d'amour propre, c'est la plus basse, le désir de briller dans notre entourage immédiat, la préoccupation exclusive des jugements portés sur nous par un petit groupe qui nous touche ; autrement dit, le besoin d'être payé de nos efforts au comptant, en menue monnaie sonnante de bravos, non à crédit et par l'éloge sans bruit d'une élite de lecteurs, de spectateurs éloignés de nous et disséminés sur la terre, parfois de la postérité. Même solitaires, il est vrai, nous nous efforçons toujours de complaire à l'opinion d'autrui, mais l'autrui qui nous préoccupe s'étend plus loin alors et se fractionne en groupes contradictoires qui se font souvent échec dans nos délibérations. Pour résister aux suggestions du groupe le plus voisin, nous nous appuyons sur celles d'un groupe plus vaste ; au jugement défavorable que notre résistance nous vaudra de la part de nos amis dont nous refusons de suivre les exemples, nous opposons le jugement défavorable que porterait « tout le monde » si nous les écoutions. Entre ces deux jugements contraires, qui l'un et l'autre sont simplement imaginés, non directement perçus, la lutte est à armes égales, et c'est fréquemment le meilleur qui l'emporte. Mais quand à des applaudissements ou à des injures recueillis de nos propres *oreilles, que nous* attirera, nous le savons, notre lâcheté ou notre courage devant les injonctions d'une foule, nous n'avons à opposer que 1'idée abstraite d'un blâme ou d'un éloge, destiné à être formulé loin de nous, à ne jamais frapper notre ouïe ni notre vue, il arrive, presque fatalement, si l'on n'est très « philosophe », qu'on succombera à la tentation, qu'on préférera le jugement de cent grévistes ou de cent clubistes à celui d'un million, de dix millions d'honnêtes gens assis au coin de leur feu. C'est pourtant l'inverse qui serait raisonnable, car l'arrêt des gens qui, après réflexion, à tête reposée, nous jugeront favorablement ou sévèrement, devrait compter à nos yeux beaucoup plus que le verdict irréfléchi d'un troupeau d'hommes entraînés ils ne savent où ni pourquoi. Mais il est dans la nature de la sensibilité humaine, comme de toute sensibilité animale, d'être plus impressionnable aux excitations actuelles et proches qu'à la prévision des excitations lointaines et futures. Aussi les artistes, les spécialistes quelconques qui travaillent pour le public *rassemblé,* par exemple les auteurs dramatiques, les acteurs, les orateurs, les musiciens, sont-ils, ce me semble, bien plus préoccupés de l'effet, plus serviles à l'égard de leur auditoire, plus portés à sacrifier leur goût propre au goût de celui-ci, que ne le sont en général les savants, les philosophes, les romanciers, les poètes, les peintres même, qui travaillent pour le *public dispersé.* L'écrivain contemporain a souvent bravé son public, le dramaturge presque jamais, et toujours timidement. Notre théâtre et notre musique, malgré Wagner, ne sont-ils pas beaucoup plus routiniers que notre littérature ?

Cette exaltation de l'amour-propre par la vertu des rassemblements leur est si essentielle qu'elle se manifeste même dans les sociétés animales. « La même fourmi, dit le Dr Forel, qui se fera tuer dix fois quand elle est environnée par ses compagnes, se montrera extrêmement timide et évitera le moindre péril quand elle sera seule à vingt mètres de son nid. » Espinas dit aussi, à propos des combats entre fourmilières, que l'animosité des combattants est proportionnelle à leur nombre ; et cette remarque est applicable aux armées humaines jusqu'à un certain point, c'est-à-dire jusqu'au point où, à force de grandir en nombre, elle cessent de former un agrégat senti comme tel par chacun des soldats. Ici la surexcitation de l'amour-propre et du courage a du bon ; mais c'est une exception, qui n'est pas unique du reste. Les oiseaux migrateurs qui ont de grandes mers à traverser voyagent en bandes. Peut-être faut-il attribuer au mutuel encouragement, à l'émulation réciproque et à l'aiguillonnement qu'ils se procurent ainsi, par leur simple rapprochement, l'extraordinaire dépense de forces que suppose leur traversée aérienne. Isolés, ils ne pourraient certainement pas exécuter de tels trajets. Le plaisir que les animaux intelligents trouvent à rester ensemble doit consister en grande partie à sentir l'accroissement de force, de hardiesse, de courage, que leur donne le simple fait de leur réunion. Et il en est de même des hommes. Beaucoup d'oiseaux, tels que les corneilles et les passereaux, beaucoup d'animaux en général, se réunissent sans but aucun, sans nulle utilité. C'est donc pour le plaisir de se réunir, comme nous. Et quelle peut être la source de ce plaisir, si ce n'est le sentiment d'exubérance, de force, que je viens d'indiquer ? - Tout cela est difficile à contester, mais il n'en est pas moins vrai que, dans le cas d'un rassemblement tumultueux, ce ne sont pas les meilleures énergies du coeur et de l'esprit qui reçoivent la plus forte exaltation.

Ainsi, il est bien certain que, moralement et intellectuellement, les hommes *en gros* valent moins *qu'en détail*[30]. Quelle est la cause de ce phénomène remarquable ? On peut se l'expliquer, indépendamment des explications partielles déjà fournies, en recherchant : 1° quels sont les faits psychologiques les plus contagieux par nature ; 2° quels sont les hommes les plus naturellement influents.

En premier lieu, demandons-nous quels sont les sentiments que le fait de les éprouver en commun, de les voir éprouver par d'autres autour de soi, avive le plus en nous ? Ce ne sont ni les plaisirs, ni les douleurs en ce qu'ils ont de caractéristique, c'est-à-dire de *sensationnel ;* ce sont les désirs, amours ou haines. Ce sont aussi les convictions affirmatives ou négatives, les jugements de confiance ou de méfiance, d'éloge ou de blâme. Par suite, rien de plus contagieux que l'audace, qui est un désir énergique uni à une conviction forte ; rien de plus contagieux non plus que l'orgueil, parce qu'il est à la fois un vif désir de domination et une foi profonde en notre propre supériorité. Quoi de plus épidémique aussi que l'espérance et la crainte, comme l'attestent les paniques et les « emballements » de Bourse, la crédulité *en masse* des agioteurs les plus avisés individuellement ? Voilà pourquoi, aussi bien, lorsque, comme il arrive d'ordinaire dans les bandes d'insurgés, les malheureux se mêlent aux malfaiteurs, ceux-ci donnent le ton et non ceux-là, la misère des premiers étant une souffrance, chose non communicable comme telle par le simple contact, tandis que la perversité des seconds est un faisceau de tendances, chose éminemment susceptible de se propager en s'exprimant par la physionomie et la parole.

D'autre part, l'observation des multitudes semble montrer que, après quelques oscillations, la haine chez elles finit, en somme, par l'emporter en contagiosité sur l'amour, la diffamation sur la louange, les huées sur les bravos ; ajoutons les négations sur les affirmations[31]. Ce n'est pas qu'en général une insurrection ne débute par quelques beaux élans d'enthousiasme pour un homme ou une idée ; mais la propagation de cette admiration et de cette foi s'était opérée antérieurement par cette contagion lente et tranquille dont il a été question ci-dessus et, qui, elle, ne favorise pas le mal aux dépens du bien. À peine, d'ailleurs, les premières manifestations enthousiastes d'admiration et de crédulité ont-elles eu lieu, que des émeutes leur succèdent, où la propagande rapide des négations et des dénigrements, des incrédulités et des animosités, se fait jour. Par cette contagiosité supérieure des croyances négatives, notamment, on peut comprendre l'athéisme collectif dont faisaient preuve les grandes Compagnies du Moyen-âge, pendant la guerre de Cent ans[32]. En masse, ces routiers sont impies, ils affectent de boire dans les calices volés et souillés. Individuellement, la plupart sont dévots et superstitieux.

Le malheur est que de tous les actes humains, l'un des plus fascinateurs est le meurtre. Michelet, Taine, Maxime du Camp ont peint la force d'entraînement et de vertige exercée par le spectacle des massacres sur d'honnêtes gens devenus bandits par épidémie homicide. La vue du meurtre est plus contagieuse assurément que la vue de l'accouplement sexuel. L'aventure du Théâtre -Réaliste, qui a provoqué un si grand scandale devant un public des plus licencieux, en est la preuve évidente, si on la compare à l'engouement des spectateurs de tous les temps et de tous les pays pour les jeux meurtriers du Cirque et les combats de taureaux. - « Rien de contagieux comme le meurtre » dit M. Zeller à propos des *Révolutions en Italie ;* tout historien en a dit autant. - Et pourtant le rut est contagieux, comme le prouvent les scènes orgiaques des Mystères antiques, les nymphomanies épidémiques analogues à celles de Loudun, les orgies fréquentes des malfaiteurs et des pédérastes (voir Carlier à ce sujet), les viols publics commis successivement sur les mêmes victimes par des bandes de brigands, notamment par les Grandes Compagnies du Moyen-Age, etc. Ces dernières avaient inauguré un genre nouveau ; le viol par représailles. Bien souvent aussi, la lubricité et le carnage s'exaltent de concert et mutuellement s'excitent. Mais en somme, le, spectacle de l'homicide est plus fascinateur que celui de l'amour en acte. Et cela est d'autant plus remarquable que l'idée de celui-ci, au contraire, est bien plus attractif que l'idée de celui-là.

Cette remarque peut être généralisée ; entre deux choses inégalement contagieuses, celle dont la perception directe l'est le plus, est souvent celle dont l'idée l'est le moins. Or, notre esprit est bien meilleur juge du mérite relatif des choses que ne le sont nos sens. Mais les foules jugent et sentent avec leurs sens plus qu'avec leur esprit. De là leurs actes fréquents de pitié ou d'admiration à faux, leurs engouements ou leurs animosités à contresens. Racontez à des hommes du peuple la mort lâche de Mme Dubarry, comparée à la stoïque attitude de Mme Roland ou de Marie-Antoinette devant la guillotine, ils admireront bien plus ces dernières qu'ils ne s'apitoieront sur la première. Mais mettez-leur les deux spectacles sous les yeux ; faites-leur entendre les cris déchirants de l'ancienne maîtresse de Louis XV suppliant le bourreau de lui faire grâce, s'agenouillant devant lui, taudis que la reine et la fière girondine marcheront tête haute, calmes et muettes ; vous pouvez être sûrs qu'ils seront moins accessibles à l'admiration de ce fier courage qu'à la pitié pour cette supplication défaillante. Et l'on sait, en effet, que la foule, après avoir assisté impassible aux plus héroïques exécutions, fut émue par la Dubarry au point de se soulever presque pour l'arracher aux mains du bourreau. La sensibilité des masses est ainsi faite, le pathétique grossier des mélodrames les émeut plus que la plus belle tragédie.

Ce n'est pas qu'il n'y ait beaucoup d'âmes assez fortement trempées pour résister à cette ivresse du sang dont je viens de parler, comme il y avait à Rome des personnes réfractaires à l'attrait fatal du Cirque. Mais, et c'est là la seconde cause de la dégradation morale ou intellectuelle des individus par leur agrégation en foule, la puissance contagieuse des hommes, dans une multitude, est loin de se proportionner à leur degré de supériorité morale ou intellectuelle. Dans une assemblée, et à plus forte raison dans un rassemblement, ce n'est pas d'ordinaire l'élite, c'est plutôt la lie, qui entraîne le *vulgum pecus*. On ne sait pourquoi, au juste, un homme est influent et prestigieux, de même qu'on ne sait pourquoi un homme a le don d'hypnotiser. De très merveilleux hypnotiseurs ne sont que des esprits médiocres, pendant que des médecins du plus haut mérite échouent dans toutes leurs tentatives d'hypnotisation. Combien de fois un homme supérieur, de talent et de cœur, s'est-il laisser dominer par des médiocrités autoritaires qui s'emparent indiscrètement de lui, et qu'il laisse faire, qui lui disent de marcher à leur suite et qu'il suit ! Elles l'intimident. Il tient extraordinairement à leur jugement, et, par conséquent, ne saurait rien faire contre leur gré. Et parfois, sous ces complaisances, il n'y a nulle sympathie. Dans les cours des collèges, ce sont rarement les meilleurs élèves, les flambeaux de leur classe, qui ont le plus d'influence et de popularité. Des cancres d'une paresse crasse, d'un robuste orgueil et d'un intraitable caractère, ont bien plus de succès. Il semble qu'ici l'énergie de la volonté joue un bien plus grand rôle que la capacité et la vigueur même de l'intelligence. Mais il s'y joint aussi, probablement, quelque action physique, inanalysable, exercée par des particularités des traits, de la physionomie, de la constitution corporelle. Il se peut qu'elle se rattache, par un invisible lien, inexplicable, à la sexualité. Et, de fait, quand les femmes interviennent dans les foules, dans les sectes mêmes, et qu'elles concourent à l'entraînement opéré par les meneurs, les effets de cette alliance sont invincibles. On le voit bien par les grandes journées révolutionnaires. - Quoiqu'il en soit, c'est uniquement ou c'est principalement dans les foules, là où les hommes se coudoient au sens propre du mot, que cet élément physique du prestige individuel intervient avec une prépondérance néfaste pour détourner le cours de l'imitation de ses voies logiques et l'orienter vers le pire exemple au détriment du meilleur ou du plus utile.

III.

Ce fait général étant établi et expliqué, que le composé social, du moins quand il consiste en une foule, est moralement inférieur à son élément moyen[33], il s'agit d'expliquer aussi les diversités que présentent ces agrégats humains, et notamment les foules criminelles. Ces agrégats ne se ressemblent guère, en effet : que l'on compare une fête de la fédération en 1790 à une jacquerie de la même époque, une réunion de quakers à un club de jacobins, une émeute américaine pour le massacre des prisonniers lynchés à une de ces nombreuses émeutes que l'ancien régime a vu éclore pour la délivrance de certains prisonniers, et dont la prise de la Bastille n'est que la suite éclatante. A quoi tiennent ces différences ? Est-ce principalement à l'action du climat ou de la race, des facteurs physiques ou biologiques, ou n'est-ce pas plutôt au moment historique, à un confluent d'influences sociales ? Il est plus facile de répondre clairement à cette importante question qu'à un problème analogue qui se pose à propos des actes et surtout des crimes individuels. Plus l'organisation d'un être, en effet, est élevée, et plus il s'assimile les influences de tous genres qui agissent sur lui et qui se présentent combinées, confondues, aux yeux de l'observateur ; plus, au contraire, son organisation est abaissée, et plus il est aisé de démêler leur part d'action distincte. Le rôle de la lumière, de la chaleur, de l'électricité, de l'altitude, de la latitude, de l'humidité, se laisse bien plus aisément étudier, détailler, mesurer, chez les plantes et les animaux inférieurs, immédiatement influencés, sans résistance ni emmagasinement interne, par chacun de ces agents, que chez les mammifères. Or, une foule, une secte aussi, sont toujours beaucoup moins centralisées qu'une personne humaine, et, comme les êtres vivants inférieurs, dépensent leurs forces à mesure qu'elles leur arrivent du dehors, ce qui permet de voir à l'œuvre et à part chacune de celles-ci. Il est donc particulièrement instructif de considérer la criminalité collective à ce point de vue.

Que nous apprend-elle ? Elle nous apprend d'abord à ne pas douter de l'efficacité des causes physiques et physiologiques. Les émeutes, dans nos climats, n'ont presque jamais lieu la nuit ; rarement l'hiver ; le temps qu'il fait, pluie ou soleil, chaleur ou froid, importe toujours à leur succès ou à leur direction ; il suffit parfois d'une averse pour les disperser. Doit-on accorder à M. Gouzer que les lunaisons ont une influence appréciable sur elles, que la pleine lune les favorise ? C'est possible ; cela ne me paraît pas démontré. Mais chaque race nationale leur imprime sa couleur propre, qui distingue si nettement une grève anglaise d'une grève française, une élection agitée à New-York, d'un scrutin sanglant dans une capitale de l'Amérique espagnole. C'est que l'influence de la race dans l'acte de l'individu peut être neutralisée, et l'est le plus habituellement, par celle de la variation individuelle qui recouvre de sa broderie passagère ce canevas perpétuel ; dans une réunion d'hommes du même pays, ces variations se compensent. - Mais, eu second lieu, ce que nous enseigne non moins clairement l'exemple des actions collectives, c'est la maîtrise des causes sociales, c'est leur autorité décisive qui se subordonne les causes précédentes, les utilise et les asservit à ses fins. Comme nous l'avons dit plus haut, l'âme d'une foule, c'est le but particulier qui la soulève. Sans ce but, la saison, la pluie ou le soleil, le climat, la race, auraient eu beau concourir, la foule ne se serait point formée ; c'est ce but qui est sa force déterminante et caractéristique ; et c'est seulement après lui que les modificateurs physiques peuvent agir. Il n'est rien de plus entraînant à coup sûr, parmi ces derniers, si tant est qu'on doive l'y comprendre, que l'action de la musique fortement cadencée. Si antique est son efficacité, et si pareille toujours, que, d'après nos érudits [34], l'un des fragments conservés des airs de Tyrtée présente les plus frappantes analogies de rythme avec la *Marseillaise*. La *Marseillaise* pourtant n'a jamais pu électriser que des réunions d'hommes déjà remuées par une même passion. Mais cette passion, ce but, c'est à un enchaînement séculaire d'événements historiques, c'est à une filiation et à une propagande prolongée d'idées, c'est à une vulgarisation de besoins plus ou moins factices, qu'est due sa présence dans tant de cœurs à la fois, ce qui a rendu possible son renforcement brusque en chacun d'eux par leur rapprochement et leur contagion réciproque.

Ajoutez, plus spécialement, le souvenir, présent à toutes les mémoires, d'insurrections précédentes, récentes, sur lesquelles les émeutiers se modèlent inconsciemment. Voilà ce qui donne aux émeutes successives d'une même époque, de la guerre de Cent ans, du XVIe siècle, de la Fronde, de la Révolution française, quelle que soit la saison ou la province, une même allure, une même nature, en tous lieux reconnaissable. Ce sont là les boutons, tout pareils au fond, d'une même fièvre éruptive, d'une épidémie morale, tantôt salutaire, tantôt désastreuse, qui consiste dans la conversion de tout un peuple, de tout un continent, à une nouvelle religion, à un nouveau dogme politique, et qui imprime à toutes les chapelles d'un même culte, à tous les clubs d'un même parti, sur l'étendue d'un vaste territoire, au nord, au sud, en pays celtique, slave ou germain d'origine, un caractère d'identité fondamentale, malgré leur diversité superficielle [35].

Sans nul doute, la conduite de la foule se meut entre des limites que lui assigne sa composition anthropologique ; et il est certain que jamais une multitude composée de très honnêtes gens, même en proie aux suggestions momentanées de quelques entraîneurs féroces, ne consentira à commettre un assassinat cupide, je ne dis pas vindicatif [36]. Mais est-ce à dire que, si une foule tue, pille, brûle, c'est parce que ses membres portent en eux la virtualité physiologique du meurtre, du vol et de l'incendie ? Cela rappelle un peu trop la *virtus dormitiva* de l'opium. La cause d'un fait, ce ne peut être la possibilité de ce fait, mais bien la circonstance qui transforme cette possibilité en réalité, et cela est surtout vrai quand il s'agit de virtualités criminelles qui ne se révèlent qu'en se réalisant. Or, appelons, si l'on veut, très honnêtes les personnes organisées de telle façon que l'éventualité de circonstances propres à les faire défaillir dans le crime est inimaginable, pratiquement impossible. Entre cette quasi-impossibilité du crime pour ces privilégies, et sa quasi-nécessité pour les déshérités moraux que nous appellerons criminels par nature, il y a mille degrés de transition incarnés dans l'immense majorité des hommes, qui tomberont ou se retiendront sur la pente du délit, suivant le hasard des circonstances. Et, parmi ces circonstances, l'une des plus capitales est précisément leur englobement dans une foule ou dans une secte qui les suggestionne. On voit alors des gens, réputés honnêtes la veille, commettre de vraies atrocités dont le lendemain ils rougiront ou demanderont la justification à des sophismes où sombrera leur esprit faussé. On voit aussi tels coquins, isolément portés au vol, mais non à l'homicide, commettre ensemble des meurtres atroces. S'ils sont devenus assassins, c'est la formation d'un rassemblement insurrectionnel qui en est cause ; or, nous savons qu'il s'est formé en vertu d'influences d'ordre social. C'est donc à celles-ci qu'il faut attribuer la réalisation de leur virtualité criminelle, ce qui, du reste, au point de vue de nos idées sur la responsabilité, ne suffit pas à les innocenter tout à fait, puisque, après tout, l'acte nécessité par eux était conforme, sinon à leur manière d'être habituelle, du moins au fond de leur nature, ou ne lui était pas contraire. Car ce n'est jamais un homme vraiment moral qui se laissera subjuguer par l'attrait du « divin massacre » comme disait Munzer. A la vue d'une de ces odieuses scènes qui ont tant de fois ensanglanté nos rues, il n'éprouvera qu'une répugnance et une horreur insurmontables, il se refusera même absolument à admirer la beauté artistique de leur pittoresque. Si, en sa qualité d'historien, d'artiste ou de poète, il se complait à les peindre, ce sera à la condition de ne jamais les avoir vues de ses propres yeux. Entre la soumission servile à l'entraînement du crime collectif et la répulsion indignée devant ce spectacle, il n'y a pas de milieu.

La conduite d'une foule dépend en grande partie de l'origine sociale de ses membres, de leur profession, de leur classe ou de leur caste, de leurs habitudes de vivre à la ville et à la campagne, dans un milieu condensé ou disséminé. Les foules urbaines sont celles où la contagiosité s'élève au plus haut degré de rapidité, d'intensité, de puissance. M. Taine nous explique à merveille l'excitabilité extrême des attroupements qui spontanément se formaient au Palais-Royal un peu avant la prise de la Bastille. Ce public, tel qu'il nous le peint, est composé en somme de gens habitués a vivre en public, piliers de cafés, abonnés de théâtres, étudiants, tous passant leur vie à subir ou à transmettre des influences, des suggestions vives, et par suite devenus extraordinairement suggestibles, en même temps que leur détachement de la famille et de la tradition, de la suggestion atavistique, leur donne l'illusion de l'indépendance la plus complète. Ils ont l'air libre, à raison même de leur impressionnalité prodigieuse qui les rend capricieux et instables. Ce sont des multitudes ainsi constituées, nerveuses et féminines de tempérament, et où les femmes, en réalité, figurent avec éclat, qui font les révolutions en tout pays civilisé. Elles sont sujettes à de brusques revirements, qui sont beaucoup plus rares chez les foules rurales. Un mot spirituel et gouailleur de marquis qu'on va hisser à la lanterne, une attitude crâne, je ne dis pas stoïque, peuvent changer en applaudissements et en rire admiratif les clameurs féroces d'une populace de grande ville, non d'une émeute de paysans. Les foules rurales sont beaucoup plus malaisées à susciter, mais, une fois en mouvement, elles ne s'arrêtent plus, foncent sur leur but avec l'intrépidité du taureau lancé. Leur composition est bien plus homogène et bien plus simple : tout le monde s'y connaît, on y est parents et voisins les uns des autres, et le faisceau humain, fait en partie de liens antérieurs d'homme à homme, y est beaucoup moins factice et plus fort. Aussi leur effet est-il écrasant. Les femmes s'y rencontrent rarement ; elles ont pourtant joué un certain rôle dans la guerre hussite du XVe siècle et dans la révolution allemande du XVIe ; mais ce ne sont jamais des femmes de mauvaise vie, ce sont plutôt des viragos, telle que la Hoffmann, mégère héroïque et féroce à côté de laquelle nos tricoteuses de guillotines sont des poupées. Derrière elle, en 1529, marchait une troupe d'insurgés en jupons portant armes et cuirasses et suivant l'armée « évangélique ». Elle « ne respirait qu'incendie, pillage et meurtre », dit Jannsen. Elle était sorcière et prononçait sur ces fanatiques des sortilèges qui devaient les rendre invulnérables. Rurales ou urbaines, du reste, les foules sont également sujettes à la folie des grandeurs ou des persécutions, et à des hallucinations mentales qui transforment à leurs yeux, par exemple, un dessinateur inoffensif en un espion occupé à tracer des plans pour l'ennemi[37]. Mais chez les foules urbaines, la prétendue « folie morale » est plus fréquente et plus profonde. C'est là, autrement dit, qu'il faut chercher les spécimens les plus parfaits de criminalité collective.

Une variété importante de la foule criminelle c'est la *horde,* qui se divise en deux sous-variétés bien tranchées : la horde terrestre, par exemple les grandes compagnies du XIVe siècle, et la horde maritime, par exemple les pirates mauresques de la Méditerranée jusqu'au dernier siècle. Les grandes compagnies sont l'échantillon historique le plus net de la horde criminelle par tempérament et par profession. Ce caractère professionnel, et en même temps international, de leur criminalité est tellement marqué, que, comme on l'a dit [38], le traité de Brétigny a été pour elles ce que la grève ou le chômage forcé est pour les ouvriers de nos grandes industries modernes. Elles se recrutaient dans toutes les classes et dans toutes les nations. Par leur atrocité, leur vanité, leur cupidité, elles ressemblent traits pour traits à nos malfaiteurs [39]. Un de leurs divertissements est de briser les dents des paysans à coups de cailloux et de leur couper les poings. Ils rançonnent impitoyablement, pour assouvir leur soif de luxe, imitée de la noblesse efféminée de cette époque. Mais c'est surtout le luxe de la toilette qui est poussé chez eux à un degré extravagant, comme chez nos voleurs. « Ils affectent ceintures d'argent, chapeaux de bièvres, atours de damoiselles. » On échappe de leurs mains en leur offrant « quatre plumes d'autruches » dont les brigands se font des panaches[40].

Il serait curieux de rechercher pourquoi, longtemps après que le brigandage continental a été refoulé, ou a suscité partout une indignation véhémente, le brigandage maritime a bénéficié d'une faveur si singulière, qui lui a permis longtemps de survivre à son frère terrestre, auquel il semblerait presque inconvenant de l'assimiler. Quelles sont les causés de cette indulgence pour des faits qui, s'ils s'accomplissaient sur terre et sur mer, paraîtraient odieux à tous ? Qu'une bande armée en temps de guerre s'empare d'une maison, la pille et emporte tous ses meubles, tout le monde crie à la sauvagerie. Mais que, lorsque deux vaisseaux marchands appartenant à deux nations belligérantes viennent à se rencontrer, l'un capture l'autre et se l'adjuge comme une proie, cela est si peu réputé vol et pillage que les États-Unis ont refusé, en 1854, de s'associer à la Déclaration de Paris, sur l'abolition des droits de course. Entre un corsaire, il est vrai, et un pirate, il y a une différence, mais combien de degrés intermédiaires ! Et comme de la course à la piraterie et de la piraterie à la course on passe facilement ! Encore une fois, comment expliquer que ce qui est crime sur terre soit licite sur mer ? Je crois qu'au fond la raison de cette contradiction apparente doit être cherchée dans l'étroite solidarité qui unit les membres d'un même équipage et les sépare si radicalement de tout le reste du monde. Un vaisseau est un monde à part, clos et muré comme la famille ou la cité antique, exposé comme elles à des périls incessants, resserré comme elles et hostile aussi à l'étranger, qui prend aisément la couleur d'un ennemi. De là cette admirable unanimité qui, sur les navires disciplinés, brille à l'heure du combat et éclate en traits d'héroïsme. Mais de là aussi, dans les équipages librement formés, mal recrutés, une barbarie d'égoïsme collectif, de férocité et de fureur destructives, qui dépasse tout ce qu'on peut concevoir. On acquiert là le sentiment d'une fraternité intense dans les limites de la coque qui vous porte, on y perd le sentiment de toute parenté avec l'humanité étrangère. À la même cause se rattachent les atrocités commises par les civilisés eux-mêmes dans leurs colonies. Sur ce brigandage collectif, je renvoie le lecteur à la Politica coloniale de Colajanni.

IV.

Nous avons tâché d'analyser la criminalité collective ; mais que dirons-nous de la responsabilité collective ? C'est le plus ardu des problèmes, et il n'en est pas dont la solution soit plus urgente. Une théorie pénale ne peut se flatter d'avoir répondu aux besoins de notre temps, et de tous les temps, si elle ne s'applique à la fois à l'imputabilité indivise et à l'imputabilité individuelle et si elle ne permet d'envisager les deux sous un même point de vue. On n'a paru se préoccuper jusqu'ici que du côté politique de ce problème général, et, sous cet aspect particulier même, on ne l'a point résolu. On a cherché en vain à établir une distinction nette entre les insurrections légitimes qui ont droit aux applaudissements de l'histoire et les simples révoltes qui méritent une répression plus ou moins sévère ; et, quand on s'est accordé par hasard à reconnaître dans certains soulèvements le caractère d'une révolte injustifiable, on n'a su dire quel châtiment leur convenait. Aussi les a-t-on traités tour à tour par le massacre en bloc ou l'amnistie sans distinction. Il en était de même dans le passé. Les grandes compagnies du XIVe siècle étaient amnistiées de temps en temps jusqu'à du Guesclin qui les extermina ; et elles escomptaient d'avance cette faveur prévue. L'assurance ou la presque assurance de l'impunité a toujours caractérisé le crime collectif et contribué grandement à ses progrès ; car, plus il est collectif, plus il est sûr d'être impuni. Ces doutes, ces hésitations séculaires de la conscience morale et juridique, au sujet de l'imputabilité des actes commis indivisément par des masses d'hommes, n'étonneront pas ceux qui savent la part énorme de la suggestion imitative du milieu social dans la formation des idées et des habitudes morales. La seule définition nette et claire, - je ne dis pas la seule définition possible ni la meilleure, - de l'honnêteté ou de la malhonnêteté, c'est que l'honnête homme est un conformiste et le malhonnête homme un dissident à l'égard de la coutume et de l'opinion dans un temps et un pays donnés. Tel, que sa dissidence aujourd'hui fait qualifier scélérat, pourra passer pour un apôtre et un héros demain ou après-demain ; mais c'est là le secret de l'avenir. En attendant, il suffit qu'il blesse la conscience ambiante pour qu'il soit frappé par son verdict. Mais, s'il en est ainsi, et si, dans le passage d'un milieu à un autre, d'un groupe à un groupe social, un même acte cesse d'être crime et devient exploit, ou *vice versâ,* comment juger un pillage, un incendie, un meurtre même, exécuté torrentiellement pour ainsi dire par une multitude où chacun est poussé par l'exemple de tous, persuadé et dominé par l'opinion de tous, et, dans cette immersion tourbillonnante au sein d'une petite société tyrannique, est soustrait momentanément à l'action de la grande société, devenue étrangère ? Ne peut-on pas dire que le fait de chacun est justifié par la participation de tous, que toute collectivité tend à se faire sa loi propre, sa morale à elle, et que, par suite, l'idée d'une culpabilité collective implique contradiction ? Que pourrait bien être un crime national, un crime commis par toute une nation à la fois ? Cela ne signifie rien ou cela signifie seulement qu'une nation, cédant à un entraînement nouveau, a transgressé la coutume ancestrale, qu'elle est criminelle aux yeux des ancêtres mais digne d'éloges aux yeux des contemporains. Or, pourquoi ce qui est vrai d'une grande nation ne le serait-il pas d'une tribu, d'un clan ; et aussi bien d'une secte ou d'une foule ? Le crime *follesque ou sectaire* est problématique, ce semble, au même titre, que le crime national. - Cette considération n'est pas sans gravité ; on en sentira mieux toute la force si l'on songe au lien imitatif qui unit entre eux non seulement les membres d'une même secte ou d'une même foule, mais les foules et les sectes successives nées à l'exemple des unes les autres. On verra alors s'amoindrir considérablement l'écart entre la grande et la petite société, contraires l'une à l'autre. La petite, rattachée à ses sœurs, apparaîtra agrandie et moins méprisable, d'autant plus redoutable. Au XIVe siècle on imite en France les insurrections anglaises, et, des deux côtés du détroit, on s'insurge parce qu'on s'est déjà insurgé : l'exemple est parti des rangs de la bourgeoisie parisienne, il se répand peu à peu dans les villes de province et gagne les couches rurales. Même loi pendant les troubles du XVIe siècle, pendant la Fronde, pendant la

Révolution française. Un mois après le 14 juillet 1790, époque où le jacobinisme a réellement pris de l'importance à Paris, il y avait 60 sociétés analogues, ayant même but, même plan, mêmes procédés ; « trois mois plus tard, dit M. Taine, 122 ; en mars 1791, 229 ; en août 1791 près de 400 » ; en fin septembre 1791, 1000 ; en juin 1792, 1200 ; et, quelques mois après, 26000, d'après Roederer. Il en résulte que chaque membre du plus infime de ces clubs comme du plus mince des attroupements révolutionnaires, se sentait porté par un courant humain numériquement très supérieur à sa faible importance.

Mais au fond qu'est-ce que cela prouve ? Cela montre à nos yeux l'insuffisance de toute notion du bien et du mal fondée sur l'opinion ou la volonté d'un groupe limité de la société humaine, sur l'intérêt d'un parti, d'une classe, d'une cité, d'une nation même. Il faut s'élever plus haut, il faut, poussant à bout la tendance naturelle qui nous porte à l'élargissement incessant de notre horizon social et de notre prévoyance, l'étendre jusqu'aux dernières limites de l'humanité dans le temps, surtout dans l'avenir, et dans l'espace. Pénétrés du sentiment intense de notre solidarité fraternelle avec les vivants, surtout avec les vivants futurs, et aussi avec les morts, avec le plus abaissé des sauvages et avec le plus reculé de nos descendants sinon de nos aïeux, nous repousserons comme immorale toute règle de conduite qui, ne tenant nul compte des *idées morales du* passé ni surtout des conséquences éloignées de nos actes, tend à nous affranchir de tout devoir envers des groupes d'hommes différents du nôtre, ou envers les générations à naître ; nous réprimerons comme criminelle toute action qui, au profit d'un programme étroit, incarné dans quelques conspirateurs, fût-ce même dans des milliers et des millions de sectaires, jette l'alarme et la terreur dans la grande communauté humaine ou européenne, et n'en a nul souci. N'en doutons pas, il y a eu, il y a encore, en Afrique, en Polynésie, des tribus criminelles ; l'antiquité classique a connu des nations criminelles, des nations de proie ; et nous avons aussi nos sectes et nos foules criminelles, dont la criminalité dépasse en profondeur tout ce que les plus beaux échantillons du crime individuel nous font concevoir.

M. Ferri fait remarquer dans son dernier ouvrage que le propre des criminels les moins dangereux, c'est-à-dire par passion ou par occasion, est d'agir isolément, tandis que les criminels les plus redoutables, les criminels d'habitude ou de tempérament, ont d'ordinaire des complices. Donc, ajoute-t-il, la complicité doit être réputée, à elle seule, une circonstance aggravante. C'est très juste ; malheureusement, cette considération est inapplicable en majeure partie au cas des foules où, au contraire, c'est la passion qui suscite les crimes, et où l'occasion qui rend criminels la plupart des co-auteurs est précisément le fait de leur rassemblement. Mais elle s'applique fort bien au noyau central des foules, à cette poignée de malfaiteurs qui le plus souvent les conduisent au délit et qui se sont rassemblés parce qu'ils se ressemblaient.

Aussi l'essentiel ici est-il de distinguer nettement les meneurs et les menés. La distinction en théorie paraît difficile à tracer ; en pratique, elle est aisée. C'est sur les premiers que doit naturellement s'appesantir la peine. Mais est-ce à dire que les seconds doivent être déclarés irresponsables ? Non. A coup sûr, il se peut qu'ils n'aient pas librement agi, qu'une force irrésistible les ait subjugués ; mais elle n'a été irrésistible que parce que leur nature les portait à suivre sans résistance. La cause de leur action est en eux pour une certaine part, aussi bien que, pour une part égale ou supérieure, en autrui. Sans doute si l'on s'obstinait à vouloir fonder la responsabilité sur le libre arbitre, l'insuffisance de cette théorie scolastique éclaterait ici. Car qui a jamais osé parler du libre arbitre d'une foule, voire même d'une secte ? L'autonomie de ces êtres moraux n'est qu'une fatalité interne. Les chefs eux-mêmes n'y font preuve d'aucune liberté, et leur commandement n'est souvent qu'une obéissance dissimulée à des nécessités de situation, qu'ils ont, il est vrai, créées eux-mêmes. La responsabilité collective ne saurait donc se proportionner à une liberté collective qui n'existe pas. Mais en revanche, elle peut, elle doit se mesurer au degré de cohésion, de finalité, d'unanimité, ou, en d'autres termes, de conscience et d'identité collectives, dont une secte ou une foule a fait preuve dans ses opérations. Ce n'est point, du reste, par la logique, nous le savons, que brillent les foules délinquantes, folles si souvent.

Je rencontre ici une formule qui, par son élégance d'apparence mathématique, a paru sourire à plusieurs auteurs[41]. Elle a une demi-vérité et mérite discussion. On a dit que la responsabilité collective était en raison inverse de la responsabilité individuelle[42]. Mais, d'abord, on a entendu par là que, plus la foule ou la secte, le groupe social quelconque, devient responsable, plus l'individu devient irresponsable. M. Sighele le dit en propres termes. Qu'est-ce pourtant que cette entité, la foule, la secte, la société, sinon un agrégat d'individus ? Et que peut signifier, au fond, la responsabilité du groupe, sinon celle de tous ses éléments indifféremment, par le seul fait qu'ils en ont fait partie ? En somme, la distinction des deux responsabilités qui, nous dit-on, se font bascule l'une à l'autre, ou ne vent rien dire, ou veut dire simplement que chaque individu est responsable à la fois de deux manières différentes, responsable des actions d'autrui comme des siennes en vertu des liens de solidarité qui l'ont uni à tous ses consorts, et responsable de ses actions propres[43]. Rien ne s'oppose, en principe, à ce que l'individu soit frappé pour l'acte de ceux dont il est solidaire. Le ciment social, c'est le sentiment énergique de la solidarité, qui repose sur une fiction aussi nécessaire que hardie : celle d'affirmer qu'un tort fait à l'un de nous, vol, incendie, blessure, est fait à tous les autres, et, par suite, qu'une faute commise par les autres est faite par nous-mêmes. Cette fiction, qui fait toute la force d'une armée disciplinée, d'une société civilisée, est d'autant plus près d'être une vérité que l'intensité de la vie collective est plus haute. Partant, plus la foule ou la secte criminelle a révélé d'esprit de corps, de logique et d'harmonie, plus elle a été une, originale, identique à elle-même, et plus il est permis de repousser la prétention de ses membres, qui, après avoir été solidaires dans le crime, voudraient ne pas l'être dans la peine. Ils doivent être réputés avoir tous participé plus ou moins au crime que quelques-uns ont exécuté.

Mais, bien entendu, le caractère en partie fictif d'une telle participation aux forfaits d'autrui ne doit jamais être oublié ; et la responsabilité collective dont il s'agit doit, en outre, être conçue comme un tout dont une fraction seulement pèse sur la tête de chacun des participants. Sous l'ancien régime il semblait au contraire, - et souvent aussi notre temps a paru croire - qu'il en était de cette criminalité indivise comme de l'hypothèque qui, d'après les juristes, grève toute entière la moindre parcelle du bien hypothéqué - *est tota in toto et tota in quâlibet parte.* C'est apparemment en vertu de cette manière de voir que lorsque, sur mille insurgés, on en arrêtait trois ou quatre, on leur faisait porter tout le faix de l'indignation publique. Évidemment, cette conception barbare doit être écartée. Sans cela la formule relative au rapport inverse des deux responsabilités collectives et individuelles perdrait toute portée. Qu'importerait, en effet, à l'individu d'être jugé moins responsable de ses propres actes si, en même temps, il était jugé plus responsable, puisqu'il le serait à lui tout seul, des actes du groupe. Cela reviendrait au même pour lui. Il faut entendre la formule ainsi : plus le groupe dont il fait partie est coupable dans son ensemble, culpabilité dont il a seulement sa petite part, et moins il est coupable en particulier.

Mais, même rectifiée de la sorte, la formule est-elle juste ? Elle ne l'est, dans une certaine mesure vague, qu'à l'égard des menés ; elle ne l'est pas à l'égard des meneurs, à qui s'appliquerait plutôt une formule précisément inverse. Je dis qu'elle s'applique aux menés ; car l'individualité de ceux-ci s'affaiblit, s'anéantit d'autant plus que l'organisation de la foule ou de la secte, du torrent ou du tourbillon humain, qui les emporte, se fortifie, se centralise, s'individualise davantage. Cette force entraînante des groupes organisés peut aller dans certains cas, rares toutefois, jusqu'à dénaturer l'individu radicalement. Elle est supérieure, en effet, au pouvoir de la suggestion hypnotique, à laquelle on l'a comparée. Je ne puis adopter le raisonnement de M. Sighele : si, dit-il, la suggestion hypnotique elle-même n'arrive pas à transformer un honnête homme en assassin, à plus forte raison la suggestion à l'état de veille, telle qu'elle s'exerce dans les multitudes en mouvement, ne saurait-elle avoir cette puissance. Les faits prouvent cependant que l'action démoralisante d'une émeute, et même d'une conspiration, excède incomparablement celle d'un Donato. Il y a ici une minime part de suggestion, mais une très grande part de contrainte, par peur, par lâcheté. C'est le cas ou jamais de faire bénéficier des circonstances atténuantes les malheureux entraînés.

Quant aux meneurs, c'est eux qui ont déchaîné cette force malfaisante, ce terrible boa populaire qui a pour anneaux des hommes asservis et subjugués. C'est de leur âme qu'ils l'ont animé, c'est à leur image et à leur ressemblance qu'ils l'ont fait naître. Leur culpabilité particulière sera donc en raison directe plutôt qu'en raison inverse de la culpabilité totale. Il devra leur être demandé un compte d'autant plus sévère de leurs actes directs que les actes inspirés par eux ont été plus graves.

On voit que, malgré tout, cette distinction des deux responsabilités n'est pas sans intérêt pratique, si subtile et si factice qu'elle puisse paraître. De tout temps elle a été faite instinctivement à divers points de vue. Si, dans ce rassemblement fortuit de passions, de volontés différentes, souvent incohérentes, qui constituent la personne individuelle, on pouvait, aussi facilement que dans cet autre rassemblement accidentel, appelé foule, distinguer ses éléments consécutifs et les séparer, il conviendrait comme dans ce dernier cas, de considérer à part la responsabilité du cerveau pris dans son ensemble et celles de ses diverses fonctions, de ses divers centres nerveux. C'est ce qu'a indiqué M. Paulhan. Mais est-il exact de dire avec lui que, dans ce cas aussi, il y a rapport inverse entre deux responsabilités comparées ? Cela serait s'il était vrai que l'harmonie totale s'achète au prix des harmonies partielles, et le gouvernement central au prix des autonomies municipales, pour ainsi parler. Mais n'est-ce pas le contraire qui est la vérité ?

Longtemps, l'importance de la responsabilité collective a paru aller en décroissant, et le progrès des idées pénales a semblé consister essentiellement dans l'individualisation de la faute et de la peine. Mais, en réalité, ce n'était là qu'une apparence produite par la substitution d'une forme nouvelle à la forme ancienne de la responsabilité collective. À sa forme héréditaire et familiale se substitue sa forme volontaire et vraiment sociale. Il fut un temps où les parents formaient un club de conspirateurs-nés, hostiles et suspects aux autres clubs. On pouvait sans trop d'erreur imputer à tous les crimes d'un seul. Tous y avaient concouru plus ou moins. Maintenant, ce faisceau s'étant brisé, il s'en forme d'autres avec ses débris ; et, de plus en plus, par l'extension de l'association libre on en viendra à légiférer la solidarité des associés de tout ordre dans le délit et la répression.

La difficulté sera de trouver l'espèce de répression, et encore mieux de prévention, qui convient ici. En fait de moyens préventifs, la meilleure police sera insuffisante si on ne se résout à poursuivre les plus criants abus de la presse, les excitations imprimées au crime et au délit[44]. En fait de moyens répressifs, tout sera inutile tant que le Jury existera. Sa faiblesse est telle en ces matières, sa pusillanimité à absoudre tout ce qui se présente sous la couleur politique la plus empruntée, sont si déplorables qu'on est souvent obligé de soustraire ces crimes collectifs à sa compétence et de recourir à des cours martiales. On tombe ainsi d'un excès dans l'autre ; et rien ne montre mieux la nécessité d'une magistrature exclusivement criminelle, spécialement exercée et recrutée parmi des hommes qui joignent à la compétence voulue les qualités de caractère non moins exigées. - Quant à savoir s'il faut une peine, la question ne se pose même pas. La prétendue impuissance de la peine serait une singulière thèse à soutenir quand des bandes anarchiques ont commencé la série de leurs exploits. Nul ne s'avise alors de contester l'utilité d'une bonne police et d'une ferme justice. Mais quels sont les principes qui devront diriger les juges ? Ne confondons pas ici deux choses bien distinctes : les mesures à prendre pour arrêter le cours des forfaits collectifs en voie d'exécution, et celles qui doivent suivre leur consommation pour en empêcher le retour. Dans le premier cas, la société qui fait sabrer un attroupement par des gendarmes ou des soldats est comme un homme qui ramasse ses forces contre un assassin, le terrasse et le tue. Cet homme n'est pas un justicier. Elle, pareillement, se défend comme elle peut et n'a pas à mesurer ses coups, qu'elle rend avec usure. Les balles atteignent au hasard le meneur ou le mené, le plus coupable ou le moins coupable, même le simple curieux égaré dans une manifestation. A ce cas on peut jusqu'à un certain point assimiler celui où des attentats distincts les uns des autres, et séparés par un certain intervalle de temps, mais enchaînés ensemble par leur commune émanation d'une même pensée infernale, forment une série terrifiante en train de se dérouler et qu'il s'agit d'endiguer énergiquement, devant les progrès de la terreur publique. - Il n'en est plus de même quand tout le monde sent que la série est épuisée, et qu'on voit comparaître en cour d'assises les auteurs de ces monstruosités, ou quelqu'un d'entre eux détaché de ses frères. Il n'est plus nécessaire à présent de rendre coup pour coup, de se venger pour se défendre, de frapper à tort et à travers ; et, si le public crie vengeance, il faut le laisser crier. Seulement la peine doit être exemplaire encore et avant tout ; ne dites pas que cet homme est punissable dans la mesure où il est redoutable, car il peut n'être plus personnellement à redouter, mais dans la mesure où son impunité serait périlleuse. Toutefois, pour que le châtiment de cet homme soit propre à servir d'exemple aux autres et à lui-même, il faut que les actes qui lui sont personnellement imputés ou sa participation solidaire aux actes de ses complices aient eu lieu dans les conditions voulues pour la responsabilité morale telle qu'on doit la concevoir en un sens tout positif. Je les ai indiquées ailleurs et je n'ai pas y revenir. Il faut, autrement dit, que cet homme ait été coupable ; car, je l'espère, on ne prétendra pas, devant certains forfaits, que l'idée de culpabilité n'a plus de sens. Si, par exemple, c'est quelque accès de folie, un délire de persécution caractérisé ou même une idée fixe, un système absurde, expression parfois d'un héroïsme déraillé, qui l'a jeté dans les rangs d'une secte meurtrière, il mérite pitié, et son impunité ou sa demi-impunité ne sera point un encouragement à l'imiter. Mais, que son avocat ne vienne pas assimiler à cette action entraînante de la folie l'entraînement, non moins invincible parfois, exercé sur lui par la bande où il s'est lancé. Il s'y est lancé volontairement, comme volontairement on s'alcoolise. Sa responsabilité reste donc engagée, sinon entière ; et dès lors, précisément parce que sa punition sera réputée juste, elle sera utile.

[1]. Au Congrès d'Anthropologie criminelle de Bruxelles, en août 1892, un savant russe nous a fait cette objection, en invoquant des révoltes agraires de son pays, causées par la famine ; plus tard, un savant italien, le Dr Bianchi, que nous allons citer, nous a objecté des faits analogues. - En revanche, j'apprends que la thèse ici développée l'avait été bien antérieurement, en 1882 déjà, par un écrivain russe distingué, M. Mikhailowsky, dans le recueil intitulé *Oetchestwennia Zapiski.*

[2]. Malheureusement, cela arrive aussi, quelquefois, quand le chef mérite moins cette survivance ; les partis politiques le prouvent. En France, les boulangistes ont survécu à Boulanger ; au Chili, les balmacédistes à Balmacéda.

[3]. Dans une conférence sur la *Conciliation industrielle et le rôle des meneurs* (Bruxelles, 1892), un ingénieur belge très compétent, M. Weiler, montre le rôle utile que les *bons meneurs,* à savoir, d'après lui, les « meneurs de la profession » et non les meneurs *de* profession, peuvent exercer dans les différends entre patrons et ouvriers. Il y fait voir aussi le faible désir qu'éprouvent les ouvriers, dans ces moments critiques, de voir survenir les « messieurs » politiciens. Pourquoi ? Parce qu'ils savent bien que, une fois arrivés, ceux-ci les subjugueront bon gré mal gré. C'est une fascination qu'ils redoutent, mais qu'ils ne subissent pas moins.

[4]. Voir notamment à ce sujet le très intéressant écrit de M. Sighele, sur *a folla delinquente.*

[5]. *Journal de Liège,* du 12 octobre 1892). Article de M. Delboeuf, sur notre rapport au Congrès d'anthropologie criminelle de Bruxelles relatif aux *Crimes des foules.*

[6]. M. de Vogüé, avec sa pénétration ordinaire, disait un jour, à propos de l'un de nos ministères : « Ces ministres, dont je me plaisais à constater plus haut la valeur individuelle, ces hommes qui, pour la

plupart, montrent dans leurs départements respectifs d'éminentes qualités d'administration, il semble qu'une paralysie foudroyante les frappe quand ils se trouvent réunis autour de la table du Conseil ou au pied de la tribune, devant une résolution collective à prendre ». A combien de ministères, et de parlements, et de Congrès, cette remarque est applicable !

{7} Voyage chez les lépreux, par le Dr Zambaco-Pacha (Paris, Masson, 1891).

{8} Le Dr. Bajenow, aliéniste russe, rapporte un trait qui confirme et amplifie singulièrement l'observation du Dr. Aubry. Il y a une dizaine d'années, sur une scène de Moscou, Sarah Bernhardt jouait la Dame aux Camélias. Au 5• acte, au moment le plus dramatique, quand tout le public était suspendu à ses lèvres et qu'on eût entendu une mouche voler, Marguerite Gauthier, se mourant de phtisie, s'est mise à tousser. Aussitôt une épidémie de toux a gagné l'auditoire, et, pendant quelques minutes, on n'a pu entendre les paroles de la grande actrice.

{9} Parfois on le conteste, mais à tort, parce que le fait ne peut toujours être judiciairement démontré. Dans son ouvrage, très documenté d'ailleurs et très intéressant, sur *les Associations professionnelles en Belgique* (Bruxelles, 1891), M. Vanderwelde, l'un des chefs du socialisme belge, blâme un arrêt de la Cour d'assises du Hainaut de juillet 1886, qui a condamné plusieurs membres de l'Union verrière de Charleroi pour provocation aux troubles causés par la grève des ouvriers verriers, en mars de cette même année. Il n'y avait contre eux, nous dit-il, que « d'insuffisantes présomptions ». Mais, quelques lignes plus haut, il vient de nous dire que, longtemps avant la grève, « l'Union verrière se préparait à la lutte : une lutte terrible, une lutte à mort, écrivait son président aux sociétés d'Angleterre et des États-Unis ». Or, *sur ces entrefaites* éclatent les émeutes de mars 1886, le 25, des milliers de mineurs remontent leurs outils, le lendemain, cette masse énorme se répand sur le pays, arrête les machines, pille les verreries...

anéantit l'établissement Baudoux » , en un mot exécute tout le programme de l'Union. Ce sont là des présomptions graves, sinon suffisantes.

[10]. J'emprunte ces lignes à M. Prins, criminaliste belge très distingué qui, dans son livre très instructif, sur la *Démocratie et le Régime parlementaire* (2e édition), s'étend longuement sur le régime corporatif, si florissant jadis et subsistant encore dans certaines provinces de son pays.

[11]. *Les Hommes et les Théories de l'anarchie,* par Bérard (Archives de l'anthropologie criminelle n°42).

[12]. *Anarchie et Nihilisme,* par Jehan Préval (2è édition, 1892, Savine, éditeur).

[13]. *Le Socialisme allemand et le Nihilisme russe,* par Bourdeau (1892).

[14]. Voir dans le journal le *Matin,* des 11, 12 et 13 novembre 1892, divers articles, et notamment un article de M. Hugues Le Roux, intitulé : « Un déjeuner chez les dynamiteurs. » L'interlocuteur de M. Le Roux lui a exposé son programme : ils veulent forcer la bourgeoisie, par la dynamite, à « faire son examen de conscience » et terroriser pour régner. « Croyez-le, la crainte du jugement dernier a engendré plus de saints que le pur amour. » M. Le Roux lui ayant demandé ce qu'ils construiront après avoir fait table rase de tout, l'anarchiste a balbutié qu'ils obéiraient à la *bonne loi naturelle.* Tel est *l'idéal* pour lequel Emile Henry et Vaillant ont lancé leurs bombes et Caserio frappé son coup de couteau. Et l'origine première de ce délire sanguinaire, c'est l'idyllique chimère de Rousseau sur *l'état de nature :* de Rousseau, l'inspirateur de Robespierre.

[15]. Ceci était écrit bien longtemps avant l'assassinat du Président Carnot, crime exceptionnel et en quelque sorte atavistique, par ses procédés autant que par sa nature.

{16}. En 1831, le préfet de police Gisquet (voir ses *Mémoires)* est instruit « qu'une bande d'individus se proposait d'incendier les tours de Notre-Dame et de faire de cet événement le signal d'un soulèvement de Paris ». A coup sûr, c'étaient là des précurseurs directs de nos anarchistes. Le complot fut près de réussir ; on arrêta les conjurés au moment où déjà une tour commençait à brûler.

{17}. Le rapport entre les inspirateurs de la presse et les exécuteurs s'est montré avec évidence à Lyon. En octobre 1882, deux attentats ont eu lieu à Lyon ; l'un, dans un café qui, quelques jours auparavant, avait été *désigné* dans un journal anarchique : il y a eu un mort et plusieurs blessés ; l'autre, près du bureau de recrutement, qui venait d'être pareillement désigné par cette même feuille.

{18}. *V. Duruy, Histoire des Romains, t. III, p. 430 et suiv.*

{19}. Au début de la Révolution de 1848, le cadavre d'un insurgé, promené la nuit à travers les rues de Paris, a été l'un des principaux agents du soulèvement populaire.

{20}. C'est le mot de l'anarchiste Zévaco, devant la Cour d'assises de Paris, en octobre, 1892 : « les bourgeois nous tuent par la faim ; volons, tuons, dynamitons ; tous les moyens sont bons pour nous débarrasser de cette pourriture. »

{21}. « Si je racontais ce que j'ai fait, disait Ravachol à Caumartin, on verrait mon portrait dans tous les journaux. »

{22}. Voir les Mémoires de Gisquet, t. IV.

{23}. Il se préoccupait beaucoup de ce qu'on dirait de lui en Corse. Cette préoccupation dominante de la petite société et cet oubli de la grande sont caractéristiques. Ravachol, non plus, ne s'inquiétait que de l'impression produite par ses crimes dans le groupe de ses « compagnons ».

[24]. Dans ses très intéressants *Souvenirs,* Tocqueville écrit, avec sa pénétration ordinaire, à propos de son passage au Ministère : « Il faut avoir vécu longtemps au milieu des partis et dans le tourbillon même où ils se meuvent pour comprendre à quel point *les hommes s'y poussent mutuellement hors de leur propre desseins, et* comme la destinée de ce monde marche *par l'effet mais souvent au rebours des volontés qui la produisent. »*

[25]. Voir Jean Jannsen, *l'Allemagne, p.* 538. Sur les atrocités commises par l'armée évangélique à Weinsberg (1525) lire le même auteur, p. 530 et s.

[26]. Au fond, une armée elle-même, aussi perfectionnée qu'on la suppose, a une tendance à traiter ainsi tout ce qui lui est extérieur, même le compatriote civil. Précisément parce qu'elle est animée d'un profond esprit de solidarité que le perfectionnement de son organisation attise, elle se sent profondément séparée, du moins en campagne, du reste de la nation ; et il faut l'énergie de la discipline, alors, pour retenir les soldats sur la pente du pillage ...

[27]. Dans le compte-rendu d'un ouvrage anglais sur *la psychologie du prestidigitateur* (Revue philos., décembre 1893) je lis qu'une des règles suggérées par l'expérience au prestidigitateur est celle-ci : « Chercher toujours un public aussi considérable que possible ; il *est plus facile de tromper cent personnes qu'une seule. »* Les politiciens le savent bien.

[28]. Qu'on se rappelle les commencements d'émeutes déjà sanglantes, qui ont effrayé Paris en juin 1893. L'origine en a été frivole : un monôme d'étudiants promenant une feuille de vigne et criant : « Conspuez.... ! » Ce qui n'empêche pas, soit dit en passant, que lorsque les troubles sont devenus graves, les esprits sérieux ont prétendu leur découvrir des causes profondes et ont traité de superficiels les gens sensés qui révoquaient en doute l'existence de ces profondeurs. - Quoi qu'il en soit, dans la première bagarre, un jeune

homme est tué par une main inconnue, qui, disait-on, pouvait être celle d'un agent de police. Alors, pour venger cette mort, quoi de plus absurde et de plus stupide que les moyens conçus et mis à exécution par des rassemblements hétérogènes d'étudiants et de bandits quelconques ? Quel rapport imaginable y avait-il entre ce tragique événement et les incendies de kiosques et d'omnibus qui en ont été la suite ? Peut-être, pas un de ceux qui ont fait partie de ces foules incendiaires, pas un, même des meneurs surexcités par elles autant qu'elles par eux, n'eût été capable, pris à part, je ne dis pas d'exécuter, mais d'imaginer même cette absurdité. - On a pu voir, dans ces journées, combien il est vrai que les hommes eu gros valent moins qu'en détail, du moins lorsqu'ils ne sont pas serrés par les liens d'une discipline savante. C'est sans doute à cause de son organisation supérieure à celle du corps des sergents de ville, que l'armée en ces tristes occasions, a montré seule tant de modération et de sang-froid. Les rassemblements précipités de sergents de ville sont, eux aussi, et par force, des espèces de foules, des contre-foules, pour ainsi dire : voilà pourquoi ils sont quelquefois sujets à des emportements - trop sévèrement jugés du reste.

Les armées indisciplinées - qui peuvent être héroïques néanmoins - sont parfois de vraies foules aussi. Un bel exemple d'indiscipline d'armée révolutionnaire nous est conté par le général Thibault. Au milieu d'un combat « alors que le feu de nos tirailleurs et de ceux de l'ennemi était le plus vif, et que les deux lignes échangeaient le plus de boulets, un lièvre partit entre les jambes d'un soldat. (Il faut dire qu'ils mouraient de faim.) A l'instant l'ennemi est oublié, et plus de 200 hommes se précipitent sur le lièvre, le poursuivent, et, à coups de fusils, de baïonnettes et de crosses, au risque de s'entre-blesser ou de s'entre-tuer, et malgré ce que les officiers purent faire ou dire, cette bizarre chasse continua, au milieu des cris, des éclats de rire et de la stupéfaction des Autrichiens, et cela jusqu'à ce que le lièvre fût dans le sac de l'un des poursuivants. » - L'extrême opposé, le miracle de la discipline consommée, nous est offert par un passage des mémoires du général Marbot. Une colonne russe avait à traverser une forêt, la nuit, sans être reconnue, en passant très près de nos éclaireurs, qui, vraisemblablement, au moindre bruit, feraient des décharges de mousqueterie. Il fut recommandé aux cosaques, s'ils étaient atteints par les balles, de tomber sans pousser un cri ni un soupir, chose essentielle au succès de l'opération. Ainsi fut fait ; quelques cosaques, blessés à mort, tombèrent, mais pas un d'eux ne poussa une plainte, et la colonne fut sauvée. Ici on voit l'intérêt le plus fort, celui de la conservation individuelle, absolument dompté par le vœu du salut collectif, tandis que plus haut on a vu le réveil du désir rural de la chasse l'emporter - héroïquement aussi, et, ajoutons-le, momentanément - sur le souci de la victoire. - En somme, la discipline militaire, qu'est-ce ? C'est, dans un régiment, l'équivalent du développement des lobes antérieurs du cerveau, force *d'inhibition* essentiellement. Cela signifie accord logique obtenu par la subordination des tendances inférieures à la tendance dominante.

{29}. Cité par Taine, Révolution, II, p, 145.

{30}. Cela n'est vrai que sous la réserve des distinctions faites, entre les foules et les corporations, entre la moralité aussi et l'intelligence, dans l'étude précédente.

{31}. Peut-être même la peur est-elle plus contagieuse que la bravoure. Le fait est que, dans toute bataille, il y a une panique irrésistible, la déroute finale de l'une des deux armées, et qu'il n'y a pas toujours une *furia francesa.*

{32}. Voir *l'Hist. de du Guesclin,* par Siméon Luce, etc.

{33}. Je signale, sans y insister, la portée inattendue dont cette loi est susceptible si on l'étend au delà de l'humanité. On sait que les organismes ont été considérés avec raison comme des sociétés de cellules, et l'on a pu voir dans les cellules elles-mêmes des sociétés de molécules, etc... Or, supposons que notre principe s'applique à ces sociétés biologiques ou chimiques, que, là aussi, le composé ne soit pas supérieur à ses éléments, qu'il leur soit inférieur ou tout au plus les égale, nous voyons l'Univers tout entier nous apparaître sous un nouvel aspect, et c'est aux perfectionnements du microscope, et non du télescope, que nous aurons à demander la révélation des plus admirables merveilles du monde. Peut-être, en effet, est-ce en vertu d'un pur préjugé, injustifiable, que le moi *de l'atome* a toujours été réputé plus simple, plus pauvre, plus bas que le moi animal ou humain, l'eut-être se dépense-t-il, invisiblement, au fond caché des êtres vivants, dans leurs intimités élémentaires, beaucoup plus d'intelligence et d'art qu'il ne s'en exprime à leur surface... Mais arrêtons-nous sur la pente de ces conjectures ; si peu solides qu'elles soient, d'ailleurs, elles le sont toujours autant que les jugements tout faits, irraisonnés, auxquels je les oppose.

{34}. Voir *Dictionnaire des antiquités* de Daremberg et Saglio, *Verbo Embatérion.*

{35}. J'ai déjà traité ce point dans mes *Etudes pénales et sociales,* (Storck, édit.), p. 302 et suiv. à propos de la folla *délinquente* de M. Sighele.

{36}. Au XIVe siècle, les Ribauds d'Angleterre « détruisent bien palais et prisons, tuent bien évêques et seigneurs, portent bien leurs têtes au bout de leurs piques » tout comme les Jacques de France ; mais, dit Perrens, à la différence de ces derniers, « quoique ne possédant rien, ils s'abstiennent de tout pillage. » Ce sont d'honnêtes assassins.

{37}. Elles sont sujettes aussi à de véritables hallucinations des sens. En voici un exemple tiré du *Journal des Goncourt. Au* commencement de la guerre de 1870, E. de Goncourt entend dire qu'une dépêche, affichée à la Bourse, annonce la défaite des armées prussiennes et la prise de 25000 prisonniers. Il va à la Bourse où une foule énorme est entassée, il demande où est cette dépêche ; on *la lui désigne du doigt, et elle lui est désignée ainsi par des personnes qui disent l'avoir lue.* Il cherche à la lire à son tour, et, bien entendu, nulle part il ne la trouve.

{38}. Voir Du *Guesclin* par Siméon Luce.

{39}. Vers le milieu du XIVe siècle, pendant les horreurs de la guerre de Cent ans, le brigandage et le militarisme, deux fléaux qui n'en faisaient qu'un, ravageaient la France. « Les Navarrais de Philippe de Longueville, dit Perrens *(La démocratie au moyen âge,* t. 1), les brigands James Pipes et autres chefs dévastaient ce que les Anglais avaient épargné... Navarrais, Anglais et brigands inspiraient de telles craintes que les malheureux vilains abandonnaient leurs maisons et leurs champs, passaient la nuit dans des îles ou dans des bateaux amarrés au milieu des fleuves, plaçaient un des leurs au sommet du clocher de l'église afin qu'il sonnât le tocsin et qu'on pût s'enfouir dans les entrailles de la terre, dans ces souterrains qu'on voyait encore, au siècle dernier, le long de la Somme, de Péronne à l'embouchure. » - A l'époque de la lutte entre Armagnacs et Bourguignons, on avait, dit le même auteur, « le permanent spectacle des Armagnacs violant les femmes, égorgeant les hommes, enfumant les paysans dans des souterrains, mutilant les bourgeois et les marchands de Paris sur les routes et les renvoyant les yeux crevés, le nez ou les oreilles coupés. »

{40}. En fait de bandes criminelles, mais voleuses et non homicides, on peut citer les *grandes Compagnies commerciales* du XVIe siècle, qui s'organisaient pour monopoliser le commerce des denrées coloniales et les vendre à des prix exorbitants. Si l'on n'y prend garde, c'est sous cette forme que tend à se reproduire sur une grande échelle la criminalité collective. Méfions-nous des syndicats. Entre les *chevaliers brigands* et les *marchands fripons,* Luther disait ne pas savoir quels étaient les plus criminels.

{41}. M. Sighele, dans sa Folla *délinquente,* l'énonce incidemment ; M. Paulhan, dans un autre sens, bien plus profond à notre avis, la développe en deux articles de la *Revue philosophique* de 1892.

{42}. On pourrait dire aussi bien, en un certain sens, que la criminalité individuelle est en raison inverse de la criminalité collective. Celle-ci sert quelquefois d'exutoire à celle-là ; et ainsi peut s'expliquer en partie, - et pour une faible part, je crois, - la baisse remarquable des délits et des crimes (individuels), à toutes les années marquées par des révolutions ou des guerres.

{43}. La formule est susceptible, il est vrai, d'un autre sens. On peut dire que le groupe social est responsable de *ces mêmes actes*. Mais alors c'est un truisme. Il est bien clair que la société a sa part de collaboration dans tous nos actes, et qu'ils nous appartiennent d'autant moins qu'ils lui appartiennent davantage. Si évident que soit ce fait, d'ailleurs, il vaut la peine d'être énoncé. Le phénomène si remarquable de l'adoucissement des peines avec la civilisation ne s'explique-t-il pas, en grande partie, par le sentiment croissant de la responsabilité du milieu social, et d'un milieu social toujours plus vaste, dans le crime exécuté par un seul ? A force de grandir, le groupe complice est devenu toute la société, et dès lors, impunissable. Par suite, l'impunité assurée et constante de cet instigateur souverain a interdit de frapper sévèrement son instrument individuel, qui a sa part de souveraineté toutefois, mais sa bien minime part.

{44}. Ne pas oublier que ceci a été écrit en 1892, sous l'empire de la loi de 1881 sur la Presse.